MĀORI MADE FUN

Professor Scotty Morrison (Ngāti Whakaue) is the well-known presenter of current affairs programmes *Te Karere* and *Marae*. He holds a Master's degree (Education), is working towards his PhD, and has been an Adjunct Professor and the Director of Māori Student and Community Engagement at Auckland's Unitec Institute of Technology. In 2017, he was appointed to a new role at Massey University's Te Pūtahi-a-Toi (School of Māori Art, Knowledge and Education), working alongside his wife Stacey in a strategic, advocacy and lecturing capacity.

In 2019, Scotty was awarded the inaugural Te Tohu Kōrurenga Hau Culture Change award by Te Taura Whiri i te Reo Māori (The Māori Language Commission), for his leadership and innovation as a teacher of te reo Māori.

Stacey Morrison (Ngāi Tahu, Te Arawa) is a radio and TV broadcaster whose projects have spanned over 25 years. She is the co-host of the Drive show on The Hits. Stacey's most recent TV credit is *Whānau Living*, which featured the whole Morrison family on screen, offering lifestyle ideas and projects, all while speaking te reo Māori.

In 2016, she won Te Taura Whiri i te Reo Māori's champion award for te reo Māori.

Stacey and Scotty are foundation members of the hugely popular community group Māori 4 Grown Ups and are both graduates of Te Panekiretanga o te Reo Māori Centre for Māori Language Excellence. They live in Auckland with their children Hawaiki, Kurawaka and Maiana.

Also by Scotty and Stacey Morrison

The Raupō Phrasebook of Modern Māori
Māori Made Easy
Māori at Home
Māori Made Easy Workbooks/Kete 1–8
Māori Made Easy 2
Māori at Work
My First Words in Māori
My First Words in Māori Flashcards

SCOTTY AND STACEY MORRISON

MĀORI MADE FUN

200+ PUZZLES AND GAMES TO BOOST YOUR REO

RAUPŌ

RAUPŌ

UK | USA | Canada | Ireland | Australia
India | New Zealand | South Africa | China

Raupō is an imprint of the Penguin Random House group of companies,
whose addresses can be found at global.penguinrandomhouse.com.

Penguin
Random House
New Zealand

First published by Penguin Random House New Zealand, 2020

1 3 5 7 9 10 8 6 4 2

Cover design by Dylan Matthews and Katrina Duncan © Penguin Random House New Zealand
Internal design by Katrina Duncan © Penguin Random House New Zealand
Illustrations by Alice Duncan-Gardiner
Author photograph by Carolyn Sylvester
Prepress by Image Centre Group
Printed and bound in Australia by Griffin Press,
an Accredited ISO AS/NZS 14001 Environmental Management Systems Printer

A catalogue record for this book is available from the National Library of New Zealand.

ISBN 978-0-14-377529-4

penguin.co.nz

MIX
Paper | Supporting responsible forestry
FSC www.fsc.org FSC® C018684

Contents

Tēnā koutou e te iwi!

Welcome to this book of puzzles and games, designed as a fun way to pick up more Māori language, or to use the knowledge you already have. We consider Māori to be an intrinsically playful language, offering wicked puns, metaphors and poetry. We hope this book showcases this and helps you enjoy te reo Māori in new ways.

You'll see there are various sections and styles of puzzle, and they generally get a bit harder as you go through a section. Feel free to jump around within each, and choose which sort of puzzle you want to go for at any given time.

The answers are at the back. Once you've checked the answer for a given activity and learned something new, you can always further the fun and use your kupu hou (new words) to make your own version of a crossword, puzzle or wordplay – all of these tactics help your language grow as well.

Ko te reo kia ngahau! Have fun!

Scotty & Stacey Morrison
September 2020

P.S. Each left-hand page has a kīwaha (everyday slang term or phrase) at the bottom, with the English translation on the opposite page – be sure to read these and memorise them as you go, for a fuller learning experience!

KIMI KUPU

WORDFINDS

Wordfinds are always great fun, especially when you have a whakataetae or competition with someone else in the whānau, or with a friend – you can race to see who can finish them first! Wordfinds are great for vocabulary building, obviously. This is why we've grouped those that follow into categories, to help you build the amount of words you'll have in your te reo Māori arsenal to use in specific everyday contexts. You can't have a conversation without words, right? Wordfinds are also a good way to get you thinking in a language and help you to differentiate between particular words – so you don't end up saying 'Monday' when you really meant 'Friday'.

So, grab a mate, or someone in the whānau, and have a go at the following wordfinds, and have some fun! **After you've completed each one, take some time to check the meanings of the words in English in the answers section.** This may even be something you do before you start each one, so as you are finding the Māori word, you're reminding yourself of its English equivalent at the same time.

Ngā Rā o te Wiki

Days of the Week

I	V	D	Q	N	O	R	N	X	U	Y	Ā	F	M	R
O	R	Ā	P	A	R	E	Ā	G	G	T	K	R	Q	Ā
R	Q	R	T	I	A	Q	B	M	I	N	Ā	C	W	T
O	K	X	X	J	F	V	L	Y	E	A	J	Q	J	A
H	K	S	Ā	D	Ū	T	Ā	R	P	R	N	K	F	P
Ā	F	U	K	Z	S	R	F	A	V	Y	E	K	Q	U
R	E	L	V	Y	V	W	H	J	E	F	N	G	I	T
D	T	R	D	X	F	L	O	P	J	L	K	T	B	F
X	E	D	G	G	Z	O	T	S	Ū	U	J	I	D	M
D	N	G	J	B	F	Y	I	A	B	U	V	F	Y	R
O	Ā	V	L	I	P	P	N	F	V	M	T	Y	P	O
P	N	Z	L	C	B	I	H	D	D	V	F	E	X	I
R	K	X	L	E	H	Y	V	L	K	F	D	S	R	Q
N	Z	Ū	N	Ā	B	B	P	T	L	L	W	L	Q	E
J	M	O	R	K	P	M	G	Ū	R	X	M	V	W	X

RĀHINA
RĀTŪ
RĀAPA
RĀPARE
RĀMERE
RĀHOROI
RĀTAPU

Ngā Nama
Numbers

V	B	B	N	L	A	R	S	W	G	F	U	T	P	Y
T	G	G	S	W	K	U	Z	D	D	L	E	J	Y	G
E	Ā	F	I	J	B	A	Y	C	G	K	U	Ā	I	Z
K	M	K	F	V	D	T	P	E	A	Ā	T	L	H	K
A	A	D	E	S	F	E	T	U	H	G	I	T	I	W
U	Z	E	F	T	C	K	D	O	D	R	H	R	R	Q
M	B	G	U	V	A	A	O	R	R	C	W	Ā	U	K
Ā	F	S	D	I	R	U	T	I	E	U	K	X	A	Y
W	X	C	O	U	T	M	R	M	F	E	C	G	T	E
H	H	N	A	N	U	Ā	V	A	T	W	V	K	E	V
I	V	A	H	R	O	R	J	V	A	X	G	Q	K	U
T	I	L	H	Y	N	I	N	R	S	C	T	O	A	T
U	H	L	G	B	O	M	U	D	D	M	X	N	U	S
T	A	H	I	N	U	A	K	E	T	U	R	O	T	X
Z	C	C	K	L	L	G	U	Y	D	T	Q	L	R	I

TAHI
RUA
TORU
WHĀ
RIMA

ONO
WHITU
WARU
IWA
TEKAU

TEKAU MĀ WHITU
RUA TEKAU
RUA TEKAU MĀ RIMA
TORU TEKAU

Mōkai
Pets

Q	C	A	O	K	H	Ō	D	S	U	H	Ō	A	M	I
V	M	A	K	Ā	K	Ā	Q	E	V	R	O	S	A	H
N	A	H	S	U	X	Z	E	B	Z	C	E	N	N	U
B	D	E	T	M	Q	I	T	E	P	Ā	R	G	U	A
K	Ā	A	L	F	B	O	X	P	U	C	O	B	N	M
M	F	I	X	O	E	X	I	S	Q	S	B	O	E	Z
T	H	X	K	Z	R	A	W	Ā	V	O	Ā	Y	S	N
S	L	T	I	Y	Z	I	C	C	G	P	Q	U	N	B
S	P	K	G	M	T	U	C	Ē	J	E	D	K	O	Z
E	A	M	Ī	Ī	E	K	N	G	H	J	A	U	T	A
D	H	R	B	F	O	N	F	H	Ō	I	H	O	Z	C
F	U	N	V	T	E	C	W	P	Z	A	S	N	R	V
K	P	C	W	Ō	S	E	V	P	F	B	Y	A	V	P
K	N	T	Y	I	H	H	Y	Q	Q	S	Q	V	L	I
A	N	F	S	Ā	K	D	K	V	N	L	S	J	R	C

HŌIHO
KĀKĀ
MAUHI
HONU
KURĪ
NGERU
IKA
MANU
RĀPETI

Tūpou

Personal Pronouns

T	O	J	E	P	L	P	E	T	U	R	B	J	T	F
X	Ā	L	Ī	R	I	H	N	W	O	Y	Z	Ā	S	N
B	M	T	K	R	J	U	Q	Z	T	Y	U	H	E	A
S	X	S	O	M	Ā	T	O	U	U	A	S	T	U	V
E	Ī	A	K	U	H	X	N	Q	O	F	P	C	B	Q
J	Z	D	O	L	O	L	S	X	K	M	U	G	S	B
G	Q	T	S	G	W	F	W	K	B	H	Ā	W	X	B
D	U	W	U	C	E	E	D	P	U	A	H	A	T	N
K	H	L	M	T	Z	O	R	P	A	H	B	X	Y	N
Z	O	U	P	H	M	D	A	N	S	U	R	E	X	J
R	O	T	X	Z	D	U	R	L	T	V	Ā	A	Q	S
Q	Q	U	L	G	R	Q	M	R	S	P	J	M	O	I
Q	X	Y	Y	Ō	Q	P	E	Ā	G	K	M	S	Y	A
J	V	K	K	N	R	X	O	U	M	S	C	Y	X	Y
Y	W	W	K	B	M	Ō	K	A	W	I	Y	K	Q	D

AHAU
IA
KOE
KŌRUA
KOUTOU
MĀTOU
MĀUA
RĀUA
TĀTOU
TĀUA

Te Whānau

Family Terms

B	I	S	N	I	B	K	I	A	K	A	H	M	N	Ē
X	V	R	F	G	O	N	N	K	E	U	R	T	S	B
L	S	M	Ā	R	E	A	C	A	I	V	I	U	M	X
L	J	Z	O	M	K	Z	H	S	A	R	P	A	Q	S
H	E	U	B	A	U	W	N	A	G	I	A	G	I	E
E	A	N	U	I	L	T	V	U	F	Ō	I	M	Z	T
B	M	T	Ā	R	G	B	U	T	E	I	N	A	A	Q
E	A	X	K	T	S	N	V	Ā	G	M	L	M	E	T
X	G	R	D	N	U	G	Z	M	V	Ā	J	T	N	I
I	K	I	T	Ō	P	A	G	V	R	T	C	Y	I	A
T	U	A	H	I	N	E	H	S	U	Ā	O	T	H	N
F	G	I	B	U	F	M	A	I	H	M	L	H	A	U
O	Ā	A	V	Ā	P	C	Ō	D	G	U	X	R	W	K
Q	D	Z	S	H	V	M	S	A	X	A	S	Y	U	V
X	I	Ī	Z	G	N	Q	Y	S	C	F	Ī	H	A	K

AUTĀNE
KOROUA
MĀTUA
TEINA
AUWAHINE
KUIA
PŌTIKI
TUAHINE
IRĀMUTU
MĀTĀMUA
TAMARIKI
TUAKANA

He Whakahau
Basic Commands

T	X	F	Z	E	Q	Ē	K	O	Z	O	Ō	F	P	V
A	O	B	M	Y	G	I	R	Ō	B	J	Q	D	X	F
I	A	F	L	J	A	I	G	B	F	I	R	I	J	U
H	H	I	P	T	T	G	H	O	I	H	O	I	T	K
O	A	Y	A	I	K	W	N	H	U	R	I	A	K	Ā
A	K	U	T	O	Q	E	S	A	U	Q	O	D	C	T
P	A	E	R	E	A	H	U	Ē	R	H	K	R	B	I
I	I	G	U	G	O	G	N	O	R	A	K	A	H	W
A	K	F	T	Z	Z	Q	M	I	Y	Z	M	V	U	L
M	F	P	U	A	I	W	E	B	X	C	S	A	M	A
O	E	I	H	Ā	K	H	K	U	E	L	O	T	D	A
H	J	W	A	P	P	O	H	J	K	Ā	V	T	N	S
P	Ā	X	H	T	B	I	T	Q	N	G	P	L	C	Y
H	K	N	Y	S	Ā	X	W	O	S	M	U	V	A	V
W	J	I	M	P	K	P	U	P	Ā	C	B	B	A	D

HAERE
HOMAI
KAUA
MARANGA
TAKOTO
HOATU
HURI
KIA KAHA
PĀTAI
TITIRO
HOIHOI
KĀTI
KIA TAU
TAIHOA
WHAKARONGO

Kupu Rongonui
Well-known Words

A	K	I	M	Q	V	Z	I	K	I	A	O	R	A	T
F	G	Ō	W	N	E	A	E	Ē	L	R	H	Ī	E	A
I	B	N	R	I	M	Ū	R	V	G	I	A	G	K	I
A	O	V	A	E	A	H	O	R	A	T	P	N	T	H
S	E	K	R	H	R	C	L	D	I	A	Ū	A	G	O
Ā	G	E	Ī	C	I	O	L	G	M	G	O	H	N	A
S	A	F	Y	H	Q	G	N	A	W	N	G	L	T	C
H	M	A	R	A	E	O	N	H	G	A	H	H	J	Z
P	R	N	W	G	H	A	D	A	A	R	B	K	G	L
M	O	Z	J	U	O	N	G	S	T	K	M	I	U	H
W	F	A	V	N	G	O	J	I	Y	E	A	H	Q	W
B	S	J	E	A	C	Y	Ē	S	J	W	O	P	Ū	X
A	G	N	A	T	I	K	A	A	N	A	M	N	S	B
I	F	Y	O	R	V	O	S	G	E	M	I	R	I	D
F	Q	X	F	Ā	B	Y	F	S	M	W	J	S	J	Ū

AROHA	HAERE MAI	HAKA
HONGI	HAPŪ	HĪKOI
KAI	HUI	IWI
MANA	KIA ORA	KŌRERO
RANGATIRA	MANAAKITANGA	MARAE
TAONGA	TAIHOA	TANGIHANGA

Next minute . . .

Parakuihi
Breakfast

R	M	P	Ī	J	D	C	W	Q	E	P	E	E	G	C
K	Y	K	Ū	D	A	U	A	C	L	E	R	D	S	T
U	A	V	W	K	Ū	F	I	E	T	E	Q	H	I	U
M	T	W	I	E	Ā	K	Ā	A	Ī	J	V	H	G	W
A	V	I	H	R	C	K	R	M	X	R	I	S	A	M
I	M	Y	X	E	Z	B	A	L	G	U	Y	I	O	Z
T	P	Ō	G	R	Ā	L	N	N	K	M	Ā	I	K	Ā
B	H	X	Z	A	Z	L	I	A	O	P	C	O	W	H
T	Ī	M	E	G	N	Ā	R	N	O	V	V	L	I	W
Ō	O	Y	C	N	H	A	R	R	P	J	A	Y	M	D
H	Y	Z	J	Ā	P	Z	O	A	F	U	Ē	C	A	R
I	K	Y	L	K	J	B	U	T	R	F	Q	E	I	D
O	T	G	E	X	Ā	M	H	G	L	O	Ā	E	K	N
W	I	T	I	P	I	K	I	I	O	R	K	Z	A	O
V	I	N	E	R	E	R	A	U	P	M	Q	Ū	I	T

KĀNGARERE
MAIKA
PUARERE
TŌHI
WITIPIKI
KAWHE
MĪERE
PŪKĀKANO
WAIĀPORO
KORARĀ
PARAKUIHI
TIAMU
WAIĀRANI

Te Kāinga
The Home

N	I	P	S	O	Z	B	F	W	M	A	Ā	P	A	C
H	O	C	P	A	A	S	W	X	O	O	X	Ī	T	B
H	N	Y	H	I	Z	T	F	X	E	A	Y	Z	U	A
R	Ā	A	F	J	K	R	Ā	X	N	T	H	E	A	X
S	Ū	N	T	X	Q	F	O	M	G	Q	M	N	T	Ā
K	Y	M	E	X	O	A	B	N	A	B	U	O	U	V
B	B	G	A	A	M	O	Q	K	Z	K	C	X	I	K
Z	O	Y	E	A	N	Z	Ī	Q	J	D	A	E	O	Ō
F	I	N	M	Ō	Y	E	F	N	N	A	K	U	R	M
L	W	U	Ā	T	Ō	S	A	B	T	Ī	H	F	O	E
C	O	F	Ō	U	X	Z	K	A	H	R	Y	C	H	P
R	M	A	T	A	P	I	H	I	U	N	A	U	T	A
K	I	I	F	H	H	W	N	P	U	O	T	O	U	A
G	D	H	N	A	L	I	A	P	G	N	P	S	S	B
A	T	A	A	K	A	H	W	A	K	A	U	O	P	N

HĀNEANEA
KĪHINI
MOENGA
PUOTO
TUANUI

HAUTŌ
KŪAHA
POUAKA MĀTAO
ROUMAMAO
WHATA

HOROI UTAUTA
MATAPIHI
POUAKA WHAKAATA
RŪMA

Wāhanga Tinana
Body Parts

C	L	C	T	Z	X	O	Y	P	I	R	V	Q	V	U
W	P	S	V	W	V	T	M	D	F	T	E	M	K	W
N	G	Ō	M	A	S	W	E	X	O	S	J	O	R	K
U	T	Z	B	E	T	A	Y	S	Q	Z	H	M	M	A
B	H	J	T	W	U	A	H	X	A	O	U	E	F	K
O	M	J	Y	A	H	U	R	U	P	X	F	Z	R	Ī
V	R	E	K	E	R	E	K	E	A	T	G	Ā	S	W
F	V	O	P	A	L	I	M	Ī	R	Z	L	G	O	E
V	N	Ā	K	A	J	X	N	D	A	O	U	N	X	C
I	W	I	H	O	K	O	P	G	P	Y	V	X	R	Q
R	I	N	G	A	R	I	N	G	A	N	K	A	T	F
V	H	Ū	N	Q	Y	O	P	P	R	J	E	O	N	U
B	E	O	F	E	U	U	K	U	P	M	W	R	C	H
O	H	Z	Ī	F	D	F	A	P	V	Q	N	U	N	I
I	M	E	N	I	H	O	X	S	A	B	F	H	A	V

ARERO
KAKĪ
KAUAE
POKOHIWI
RAPARAPA
TARINGA

HOPE
KANOHI
KOROKORO
PUKU
REKEREKE
WAEWAE

IHU
KARU
NIHO
RAE
RINGARINGA

Kai

Food

E	H	I	Ō	F	O	I	N	O	F	P	G	H	A	A
T	D	U	T	D	K	R	Ī	O	C	A	U	X	B	H
U	C	I	A	Z	O	Z	H	U	R	A	M	P	P	S
P	V	Ī	H	R	Z	C	X	J	W	C	E	M	T	B
M	A	H	D	I	Ā	I	I	H	U	P	Q	D	L	D
R	R	X	O	K	G	K	E	R	A	R	O	K	K	Ā
K	Ā	N	G	A	U	N	A	H	S	R	E	A	L	U
S	N	N	H	M	U	G	E	U	I	F	H	Y	K	R
U	N	A	R	A	K	A	Ū	H	H	E	M	Ā	T	A
Y	E	T	O	T	M	F	W	Q	E	E	H	A	B	O
A	U	G	K	A	R	O	T	I	F	H	M	R	S	H
Ī	X	F	M	Ī	T	I	Ō	M	V	Q	O	I	V	L
A	Q	K	W	B	K	A	T	L	F	L	J	R	T	R
U	K	A	J	Z	Y	D	P	A	Y	K	W	V	O	A
W	I	F	R	K	Ā	R	O	T	I	K	P	D	I	K

HEIHEI
IKAMATA
KORARE
PATA
TOWHIRO
HUARĀKAU
KĀNGA
KOROHEHENGI
PEPA
RĪWAI
HUAWHENUA
KĀROTI
MĪTI
POAKA
TOTE

Taputapu Horoi
Cleaning Products

R	B	O	I	H	T	M	Z	O	R	E	U	T	A	P
E	D	Q	L	K	A	L	Y	Z	O	I	Z	T	X	A
H	N	P	T	N	I	E	X	L	U	M	I	U	T	R
U	B	Y	S	M	T	R	I	K	R	K	P	I	C	E
M	P	O	G	N	A	R	U	T	A	P	Y	N	I	U
A	A	J	I	K	I	O	L	T	U	K	G	I	U	M
T	C	U	O	H	I	R	I	K	A	P	O	K	K	U
Ū	Y	I	W	U	C	K	A	U	N	M	B	U	Ū	M
R	M	Ā	N	G	U	H	O	U	G	D	U	A	A	W
I	T	A	B	T	E	R	S	T	I	N	B	H	P	Z
K	F	H	A	K	O	M	K	B	A	D	D	Z	E	Y
I	C	P	E	B	W	N	W	V	N	K	U	L	P	R
F	J	T	Q	V	P	Y	W	J	G	O	A	O	Z	O
N	U	J	O	W	V	A	F	K	I	Z	N	H	D	S
A	E	W	Q	W	A	R	D	S	R	G	E	Q	W	Y

HAUKINI
PAREUMU
PATU RANGO
RAUANGIANGI
TĀWHIRI
KAUORO
PATUERO
PEPA ŪKUI
REHU MATŪRIKI
WHAKATOKI
KOPA KIRIHOU
PATU KITAKITA
PUKA HEKETUA
TAITAI

Taputapu Whakatāupe
Personal Vanities

Ā	M	R	F	R	K	G	G	W	P	K	G	Z	W	E
T	K	C	E	A	A	U	V	U	W	Y	Y	K	C	M
O	W	Ā	R	H	L	U	R	U	J	R	S	J	S	Q
H	H	A	K	L	U	U	T	E	K	E	R	Ū	P	J
F	H	I	X	Ī	T	M	W	A	O	H	D	H	P	N
Ā	K	R	N	A	T	A	A	J	N	C	I	U	O	N
L	L	V	I	Ē	K	E	L	K	M	G	K	K	H	B
N	D	A	S	A	P	L	R	R	A	B	I	A	I	K
K	W	Z	M	S	R	X	X	A	A	W	W	M	N	K
A	L	A	G	O	U	G	N	U	P	C	E	A	I	U
U	I	P	A	N	I	N	G	U	T	U	U	K	A	K
P	A	T	U	M	Ō	R	Ū	R	U	R	U	A	T	U
T	F	J	G	T	H	G	R	R	K	Q	O	W	I	W
E	N	I	H	A	W	E	P	O	K	X	D	E	A	E
I	Z	L	J	H	I	E	H	Q	L	M	M	X	T	U

HUKA MAKAWE
KUKUWEU
PATU MŌRŪRURU
PŪREKE
REHU MAKAWE

KARAHĀ
PANI NGUTU
PĒNIHO
PURU TAIAWA
TAITAI NIHO

KOPE WAHINE
PARE TĪKĀKĀ
PIA MAKAWE
RAUTANGI

Hākinakina

Sports

O	I	W	T	K	O	Ū	A	A	R	K	T	H	I	M
K	K	P	H	R	A	R	T	I	U	U	A	U	M	A
A	O	A	Ō	A	A	R	N	U	K	T	N	H	U	H
I	A	P	A	H	K	G	U	U	A	Ā	A	R	O	E
T	W	U	W	K	A	A	M	M	H	H	Ā	U	I	R
Ā	A	Ā	P	R	A	Ā	P	W	Ā	P	I	R	A	E
K	W	T	A	U	T	H	A	U	U	T	I	A	N	T
A	I	P	A	Ā	A	G	W	A	R	R	A	E	K	Ā
R	A	P	T	U	N	T	H	I	A	U	M	K	O	K
O	K	A	P	I	R	O	Ā	O	A	Ā	W	T	I	A
E	H	C	R	A	N	A	H	W	H	K	G	A	W	R
I	T	I	P	I	T	I	P	A	R	A	K	N	H	O
W	H	I	R	I	N	G	A	W	H	Ā	I	T	I	A
W	H	I	R	I	N	G	A	T	O	A	A	O	T	H
E	H	E	R	A	G	N	I	R	T	Ā	K	A	R	O

AUTAUA
KAIHAUTŪ
KAIWHAKAAKO
MAHERE TĀKARO
PŌRO
TĀKARO
TUKU MĀTĀTAHI
WHAKAPURU WAHA
WHIRINGA WHĀITI

HĀMENE
HOARIRI
KAITĀKARO
KARAPITIPITI
RINGARAPA
TATAU
WĀ TAUPUA
WHANA
WHIRINGA WHĀNUI

HAUPĀRUA
KAHO
KAIWAWAO
KARUMĀTAKI
PIRO
RINGAREHE
TOA
WĀ WHARA
WHIRINGA TOA

Ākene koe i a au!

Wāhanga Tinana 2

Body Parts 2

W	B	B	L	T	N	I	X	S	Q	Y	H	F	M	R
E	H	I	I	R	W	Q	Ā	O	V	A	T	C	C	A
A	B	E	K	D	G	H	T	O	Z	F	O	Q	G	P
U	Q	T	U	O	W	J	U	J	C	G	V	D	P	A
A	P	A	R	A	P	A	R	Ī	R	B	P	D	O	R
K	O	E	U	W	N	O	I	O	H	E	R	E	I	A
A	K	T	U	K	E	G	P	W	E	Ī	M	P	T	P
I	O	A	I	B	U	H	O	P	S	K	A	I	Ā	A
C	H	N	H	K	T	P	N	H	T	Z	K	G	H	C
T	I	O	P	U	N	G	A	D	E	I	Ū	Y	E	J
T	W	N	A	Y	K	T	M	U	N	V	H	I	I	A
I	I	R	E	K	U	A	S	I	M	Y	Ā	Q	M	N
U	Ā	G	Q	T	Y	A	K	H	L	C	W	T	H	H
V	A	A	P	G	J	G	M	Ī	D	G	E	H	G	P
D	T	U	A	I	W	I	K	L	I	I	K	B	U	F

ATEATE
KAUAE
POPOKI
TĀHEI
TUARĀ
TUTA

IOHERE
KŪHĀ
RAPARAPA
TIKI
TUKE
UA WHĀ

KAKĪ
POKOHIWI
RĪRAPA
TUAIWI
TURIPONA

Wharanga
Injuries

A	Y	Z	T	L	J	T	P	P	Z	Y	C	E	H	Q
M	A	R	Ū	I	S	E	M	N	N	Q	A	Q	N	J
Q	F	C	Ā	J	Z	H	M	C	A	H	P	T	M	A
B	V	N	K	G	I	Ā	T	U	E	Z	A	Ā	H	K
K	G	M	I	D	G	Z	U	A	K	N	R	Ī	F	V
F	E	Y	R	T	G	N	H	F	K	U	U	J	L	M
X	M	S	I	Y	U	Ī	P	X	Z	O	A	A	K	O
A	V	O	T	O	T	Ū	I	J	R	K	K	H	A	U
C	R	X	K	Ā	W	N	J	O	A	O	Z	I	A	R
J	N	A	R	M	N	N	T	I	N	K	T	R	H	B
E	H	W	H	N	O	Ū	R	D	Ē	A	Ā	Y	H	U
S	Y	O	K	W	K	X	Z	S	Q	H	T	Q	V	H
T	F	T	X	A	Ā	H	J	O	W	E	D	I	N	Y
E	P	V	R	C	P	S	W	H	X	M	O	Ō	M	V
R	I	T	A	H	W	Ī	G	X	H	Q	Z	Z	J	T

HAKOKO
KAURAPA
MARŪ
TANOI
TŪĀKIRI
HĀRAU
KOUNU
RIAKA
TĪHAEHAE
WHARA
HAUKUME
KŪTORO
TAKOKI
TOTO
WHATI

Ika
Fish

P	M	K	Ō	U	R	A	U	R	A	I	M	G	C	N
T	Z	Ā	D	I	A	T	I	A	W	A	R	U	Ō	K
A	I	P	T	E	P	K	Ā	U	N	G	A	N	P	N
U	A	H	I	A	P	G	A	G	Q	N	H	W	H	W
V	W	U	P	M	I	E	Ō	O	R	O	R	A	M	H
H	Ē	A	H	K	A	T	R	H	M	T	T	K	O	E
Z	K	T	I	N	A	N	A	E	A	E	Ā	A	K	K
A	O	T	P	N	I	K	G	I	P	K	M	P	O	E
C	Ā	A	I	I	I	H	N	Ō	J	E	U	Ā	P	I
P	D	W	R	K	N	A	A	M	P	K	R	P	U	Ā
T	H	F	Ō	I	F	W	T	N	B	A	E	Ū	A	R
A	I	O	H	Ō	T	A	A	Ū	U	T	R	H	K	O
L	K	O	N	T	U	U	G	N	K	A	T	E	Ē	H
I	U	I	B	Ā	F	N	R	A	I	H	E	Y	H	O
J	C	N	P	K	I	K	O	U	H	K	V	M	W	T

AIHE
HŌRIPI
KINA
KŪTAI
MĀTAITAI
PĀPAKA
TĀMURE
TŌIKI
WHĒKAU

HAKU
KĀUNGA
KŌURA WAITAI
MANGŌ TANIWHA
NGŪ
PĀTIKI
TINANA
UNAHI
WHEKE

HAWA
KĒWAI
KŌURAURA
MANGŌPARE
NIHO
PĀUA
TIO
UPOKO

HIKU
KIKO
KŪREPEREPE
MARORO
PAIHAU
TAKEKETONGA
TOHORĀ
URUTIRA

Mahi-ā-Rehia
Leisure Activities

Q	D	A	O	T	Ā	T	Ā	M	I	H	A	M	R	V
M	N	E	K	E	N	E	K	E	N	Ō	K	B	D	P
R	P	Ā	N	U	I	P	U	K	A	P	U	K	A	X
A	U	N	E	H	W	A	H	A	N	U	A	T	X	C
N	M	E	Ī	Ī	Q	W	T	I	O	N	B	A	T	R
I	Z	I	U	K	U	Ā	T	T	Ū	I	N	W	U	W
K	K	Y	S	O	M	C	O	I	A	Ī	N	K	G	G
A	K	O	T	I	K	I	P	K	U	Y	U	R	A	W
N	A	H	H	N	G	U	N	I	O	M	P	E	O	P
I	N	A	S	G	K	F	T	P	O	H	O	Ē	H	L
K	I	P	I	A	K	E	R	A	H	W	O	R	O	T
Ā	K	E	P	H	J	K	N	T	R	Z	G	K	R	T
H	A	U	Q	E	V	A	K	I	Q	E	Y	W	O	Q
G	N	H	Ō	R	T	M	D	E	S	M	R	W	T	H
A	I	Z	X	E	B	S	P	P	M	L	J	E	Ē	J

HĀKINAKINA
HOKOHOKO
KŌNEKENEKE
PĀNUI PUKAPUKA
RUKU MOANA
TORO WHAREKAI

HĪ IKA
HŌPUNI
KUTARERE
PEITA PIKITIA
TAUNAHA WHENUA

HĪKOI NGAHERE
KANIKANI
MAHI MĀTĀTOA
PIKI TOKA
TORO HOA

Āhuatanga Tangata
Personal Descriptions

K	Ō	R	A	K	O	R	A	K	O	T	R	B	M	Q
A	Q	U	O	V	O	J	Y	O	I	L	D	U	R	V
R	J	A	R	V	Z	T	L	M	T	Q	Y	K	Y	Y
U	I	X	E	T	Ā	R	O	A	R	O	A	K	B	A
P	P	I	H	T	T	A	K	K	I	R	P	Ā	X	U
Ā	K	J	W	O	I	I	I	R	U	M	T	K	G	U
K	L	Y	U	Z	E	R	R	K	J	Y	M	A	K	R
Ā	A	I	G	N	I	M	I	G	N	I	M	P	A	U
K	E	Q	A	P	A	K	P	K	F	D	E	U	N	K
Ā	Q	L	A	K	O	R	Ā	K	O	R	A	R	O	E
S	H	N	D	R	T	U	K	E	M	A	T	A	H	H
Y	G	K	A	R	U	K	Ā	K	Ā	R	I	K	I	U
O	N	N	F	A	K	A	K	O	R	O	T	A	O	K
J	G	G	W	C	M	N	Ā	M	F	L	C	Q	K	F
I	Y	A	O	G	N	A	P	D	R	Z	E	I	R	A

IRA
KARU KĀKĀRIKI
KIRIPĀKĀKĀ
KŌRAKORAKO
POTO
TUKEMATA
KAMO
KARU KIKORANGI
KIRIPANGO
MINGIMINGI
TĀROAROA
URUKEHU
KANOHI
KARU PĀKĀKĀ
KIRITEA
PANGO (MAKAWE)
TOROKAKA (MAKAWE)
WHERO (MAKAWE)

Ngā Momo Iwi
Ethnicities

U	Y	Ō	Q	K	A	I	T	J	A	H	Ē	N	A	P
E	G	R	K	N	O	I	U	N	F	X	S	Ā	Z	I
S	J	N	A	P	A	T	A	X	V	Y	H	H	A	R
Ā	M	I	A	M	Z	K	I	X	H	Ā	S	E	N	I
W	N	S	A	M	I	T	B	M	K	E	I	K	A	P
I	C	N	Ī	R	U	F	D	F	A	D	W	Ā	M	Ā
I	I	H	E	Q	M	G	E	T	R	N	M	P	A	N
Z	W	M	H	A	P	A	N	I	H	I	A	R	N	I
U	A	I	Ō	R	H	G	X	A	I	H	Ā	A	I	O
A	P	R	U	A	X	N	Z	W	M	R	T	A	A	R
R	I	A	N	A	I	R	I	E	R	E	T	I	H	A
Ū	C	R	T	P	T	K	I	R	I	K	I	R	Y	P
H	G	N	I	D	H	O	J	W	Ī	W	Ī	Ā	W	P
I	S	J	L	H	S	Z	W	I	I	D	X	T	O	J
A	L	S	S	S	I	R	O	Ā	M	W	N	Ī	B	V

ĀHIA
AHITEREIRIANA
AIRIHI
AMERIKANA
HAINAMANA
HAPANIHI
INIANA
ĪTĀRIA
KIRIKI
KOTIMANA
MANGUMANGU
MĀORI
PĀKEHĀ
PĀNIORA
RŪHIA
TAUIWI
TIAMANI
WĪWĪ

Mahi

Professions

K	R	T	Q	E	I	Y	N	J	K	S	Z	D	A	E
A	I	Ā	X	R	G	H	O	A	T	P	F	J	R	I
I	N	K	U	A	K	A	I	K	A	U	T	E	A	H
W	G	U	V	H	U	H	E	K	O	B	A	Ē	P	U
H	A	T	P	W	O	Ō	K	Ē	A	H	N	C	I	T
A	T	A	E	A	X	I	T	A	A	P	I	S	A	A
K	O	G	H	G	V	I	H	K	I	Y	I	A	K	G
A	I	O	V	N	T	J	A	Ē	Ī	A	T	A	K	N
P	A	Ā	U	A	T	H	F	W	N	A	K	U	K	I
Ā	R	O	A	H	W	A	G	N	I	R	N	O	B	R
H	A	K	A	I	T	Ō	R	A	N	G	A	P	Ū	G
Ō	H	Q	A	A	Z	A	W	I	S	J	F	T	N	W
D	V	K	X	K	J	I	U	R	O	Ū	P	I	A	K
H	T	U	M	U	A	K	I	A	X	W	M	L	V	U
T	Z	M	D	K	W	Ā	N	G	A	H	Z	H	F	J

ĒTITA
KAIHOAHOA
KAIPAKIHI
KAITŌRANGAPŪ
KAIWHAKAPĀHŌ
RINGATUHI
TAUĀ
KAIAKO
KAIHOKO
KAIPARA
KAIWAIATA
NĒHI
RINGAWHAO
TUMUAKI
KAIHANGA WHARE
KAIKAUTE
KAIPŪORU
KAIWHAKAHAERE
RINGATOI
TĀKUTA

Kupu Rorohiko

Computer Terms

Y	M	A	R	I	M	A	R	I	M	O	L	S	R	L
Q	W	T	Ī	M	Ē	R	A	W	K	P	F	O	J	A
Ī	Y	A	X	C	W	K	P	I	F	K	R	K	W	G
I	O	B	Ē	R	H	R	H	W	T	O	J	B	A	N
A	H	Ā	W	O	K	O	M	I	H	U	T	Ā	P	Ā
M	E	U	U	A	R	U	T	I	K	T	B	C	R	T
M	Y	R	T	O	E	Ā	K	H	Z	Ā	B	I	X	O
O	O	A	R	Ā	H	O	T	A	H	R	M	H	W	R
H	M	M	E	A	P	W	H	A	K	A	O	H	O	I
I	Ā	C	O	Ō	W	A	K	P	R	R	N	B	I	T
A	C	R	N	T	T	G	P	I	E	O	D	U	K	H
W	E	A	E	Ī	U	B	M	A	G	H	U	W	M	V
V	H	B	T	M	B	H	N	W	P	L	U	Ē	C	I
O	P	Ā	W	H	I	R	I	G	N	A	R	U	P	I
S	P	E	A	W	Ō	K	K	A	T	I	B	O	A	U

ATA
IPURANGI
MATA
PAPA PĀTUHI
PEHU
TĀRARO
WAIHO
HANUMI
KATI
MIRAMIRA
PĀTUHI MOKOWĀ
ROROHIKO
TIRO TĀNGA
WHAKAOHO
ĪMĒRA
KŌWAE
MOMO TUHI
PĀWHIRI
ROROHIKO PŌNAHO
TĪTAHA

Pae Pāpori
Social Media

I	Q	A	O	D	N	I	P	R	K	Ō	T	A	H	A
L	K	T	A	U	W	U	U	A	J	O	E	O	U	H
M	I	A	V	A	A	H	K	Q	H	C	T	H	U	D
N	A	I	T	H	G	M	A	T	A	W	Ā	E	H	O
D	C	R	I	I	K	N	M	K	H	E	B	T	F	A
L	N	I	N	T	G	A	A	W	A	T	A	E	T	H
F	P	T	F	E	R	N	T	P	E	H	B	W	A	T
O	T	O	R	Ā	E	R	A	K	U	H	O	T	U	O
R	I	M	U	P	T	W	U	R	Y	A	G	A	P	H
B	M	T	A	N	G	I	A	O	H	Ē	T	E	Ā	U
A	T	I	J	I	P	X	H	W	N	A	I	H	N	M
K	U	O	N	J	J	S	Ī	P	P	Q	G	D	G	A
A	L	Y	R	S	M	A	T	A	T	A	H	I	A	R
R	B	I	E	W	N	C	K	R	G	A	A	C	S	A
J	Y	W	L	H	Y	I	P	A	E	T	Ī	H	A	U

ATAPAKI
MATAWĀ
PUAHI IPO
TANGIAO
TIRIATA
WETEHOA
KŌTAHA
PAEĀHUA
PUKAMATA
TAUPĀNGA
TOHU KARE-Ā-ROTO
WHAKAHOA
MATATAHI
PAETĪHAU
RANGITAKI
TĪHAU
TOHUMARAU

Huarere
Weather

Y	N	K	U	O	Q	Q	R	I	H	Z	Q	H	M	W
J	Q	M	C	E	W	B	V	T	Y	R	A	U	U	J
C	H	M	Q	K	C	F	K	H	Q	U	D	Z	P	W
O	E	A	N	Ō	B	A	I	B	T	Y	F	U	G	V
I	H	R	T	M	I	K	F	O	N	T	Q	Q	K	S
G	U	A	E	A	A	J	N	U	I	A	T	Ā	H	M
B	A	N	W	R	I	G	Z	B	K	C	B	W	X	F
C	M	G	U	U	A	J	H	O	A	T	I	H	S	Y
H	X	A	Y	R	A	U	I	A	P	Z	T	Ā	N	U
F	H	I	K	U	K	H	H	X	L	R	P	Z	U	R
F	D	U	P	A	R	E	W	U	K	U	V	W	G	U
Q	Q	A	P	U	R	D	O	W	H	T	F	W	F	Ā
D	K	A	M	A	R	I	N	O	U	O	N	C	V	U
Ī	P	U	A	H	E	I	R	I	I	S	T	G	R	A
A	F	B	R	N	R	O	F	I	W	W	N	J	H	H

ĀWHĀ
HAURAKI
HUKAPAPA
MAKARIRI
PAKI
TOHU HUARERE
HĀTAI
HAUTONGA
KAPUA
MARANGAI
PUAHEIRI
WERA
HAUĀURU
HAUWAHO
KŌMARU
MARINO
PUHORO

PĀNGARAU EHARA-I-TE-PĀNGARAU

THE NOT-REALLY-MATHS SECTION

When is pāngarau (maths) not pāngarau? When it's a story! Add a simple reo Māori plot to a bit of maths and you get pūrākau pāngarau!

So, follow along with each of the stories in this section. They're made up of one or two (OK, no more than three!) simple sentences that will get a little bit harder as you go along.

Take your time to identify key words – we've highlighted some to help out if you need it – and try not to read the translation if you can.

The challenge here is to read and understand what you need to solve, all in te reo!

1.

12 ngā kūmara a Rāwiri. Ka **hoatu** i ngā kūmara e 4 ki a Hēmi. E hia ngā kūmara **e toe ana** ki a Rāwiri?

Rāwiri has 12 kūmara. He **gives** 4 kūmara to Hēmi. How many kūmara does Rāwiri **have left**?

☐ – ☐ = ☐

________ kūmara e toe ana

________ kūmara are left

2.

E 6 ngā pōtae pango, e 6 **ngā pōtae māwhero**. E hia katoa ngā pōtae?

There are 6 black hats and 6 **pink hats**. How many hats in total?

☐ + ☐ = ☐

________ katoa ngā pōtae

________ hats in total

Did you notice? If *pōtae pango* is 'black hat/cap' does that mean that our national cricket team, the Black Caps, are named that too? Yes, it does! You'll hear them referred to on Māori news as *Ngā Pōtae Pango* – the Black Caps.

3.

I hoko a Matua Tame i ngā taiaha e 9. I hoatu i ngā taiaha e 4 ki a Hēmi rāua ko Pāora. E hia ngā taiaha **e toe ana** ki a Matua Tame?

Matua Tame **bought** 9 taiaha. He gave 4 taiaha to Hēmi and Pāora. How many taiaha does Matua Tame **have left**?

______ taiaha e toe ana

______ taiaha are left

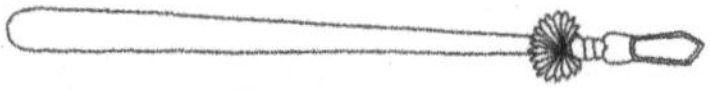

He meka pārekareka / Fun fact: Ko te taiaha te tino o ngā rākau patu a te Māori. He mārō engari he **māmā** te hiki. He mea hanga ki te mānuka, ki te pūriri rānei. I hoatu ingoa te toa ki āna taiaha, ā, ka piri rāua, **mate noa**.

The taiaha was the most popular of all Māori weapons. It's hard and strong yet **light in weight**. It was usually made from mānuka or pūriri. The warrior gave his taiaha a name and they remained constant companions **until he died.**.

Kupu whakarite / Metaphorical saying: *Arero taiaha* can mean to be diplomatic or neutral, not to take sides in an argument.

4.

12 **ngā keke tiakarete**. 14 ngā keke maika. **E hia katoa** ngā keke?

There are 12 **chocolate cakes** and 14 banana cakes. How many cakes **in total**?

☐ + ☐ = ☐

__________ katoa ngā keke

__________ cakes in total

5.

18 ngā tamariki e tākaro ana i te wāhi tākaro. Kātahi ka wehe atu ngā tamariki e 7. **Tokohia ngā tamariki** kei te wāhi tākaro tonu?

18 children are playing in the playground. Then 7 children leave. **How many children** are still at the playground?

☐ − ☐ = ☐

________ tamariki e toe ana

________ children are left

6.

E 20 ngā kau, e 6 ngā hipi kei te **pāmu**. E hia katoa ngā **kararehe** o te pāmu?

On the **farm** there are 20 cows and 6 sheep. How many **animals** in total are on the farm?

☐ + ☐ = ☐

_________ katoa ngā kararehe o te pāmu

_________ total animals on the farm

7.

I hanga a Māka i **ngā manu aute** 15. E 9 ngā manu aute i āta mahia e ia kia iti. **E hia** ngā manu aute nui?

Māka made 15 **kites**. He made 9 kites small. **How many** big kites are there?

☐ − ☐ = ☐

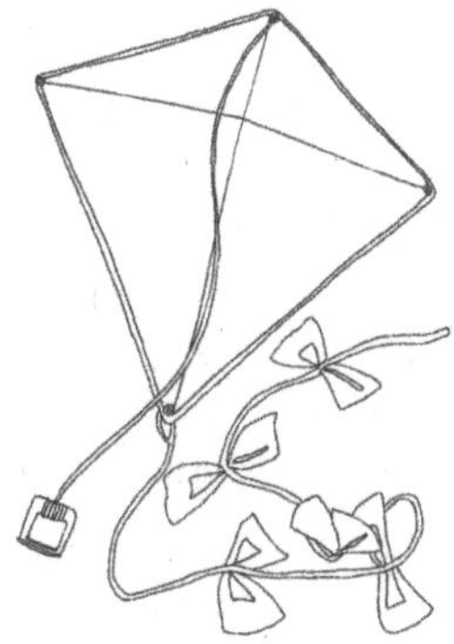

________ manu aute nui

________ big kites

He meka pārekareka / Fun fact: He maha ngā kaupapa i hangaia ai he manu aute, he manu tukutuku rānei. Āe, he ngahau te kaupapa i ētahi wā, engari i ētahi wā anō he **hononga ki ngā atua** me te ao wairua, he tohutohu kia mōhio ai te iwi mō āhea rātou haere ai ki te pakanga, kei hea rānei ngā **nanakia** e noho ana. He karere anō hoki te manu aute.

There were many reasons why kites (known as both manu aute and manu tukutuku) were built. Indeed, one of the reasons was for recreation and entertainment, but in other cases they were used as **links to the gods** and to the spiritual realm, as indicators of when to attack an enemy and where to locate **wrongdoers**. Kites were also used to deliver messages.

Did you notice? E hia = Use for 'how many things'. Tokohia = Use for 'how many people'.

8.

E 8 ngā pene kei a Himiona. E 5 ngā pene kei a Rīhari. **E hia katoa** ngā pene?

Himiona has 8 pens. Rīhari has 5 pens. How many pens **are there in total**?

☐ + ☐ = ☐

________ katoa ngā pene

________ pens in total

9.

12 ngā kererū kei runga i te rākau e noho ana. Ka **rere atu** ngā kererū e 5. E hia ngā kererū **kei te rākau tonu**?

12 kererū are sitting in a tree. 5 kererū **fly away**. How many kererū are **still in the tree**?

☐ – ☐ = ☐

__________ ngā kererū kei te rākau tonu

__________ kererū still in the tree

He meka pārekareka / Fun fact: Ko te kererū tētahi o ngā kai rangatira a te Māori. He māmā hoki te hopu, arā, i ētahi wā ka **apo kai** te kererū kia puta rawa atu tōna pito, **mea rawa ake**, ka taka i te manga o te rākau ki te papa. Ka haramai te Māori ana ka kohi haere ai hei kai māna. Koinei te tikanga o te whakataukī, 'kererū horo tāepa' – he whakatūpato **kia kaua e apo kai**!

The native pigeon was a delicacy to Māori. It was quite easy to catch because sometimes the bird would **gorge** itself to the point that its tummy was too full, and **next minute**, it falls out of the tree to the ground. Our Māori ancestors would come along and gather them up for dinner. This is where the proverb 'kererū horo tāepa' comes from – a warning to **not overeat or be greedy**!

10.

E 5 ngā oko **kei runga i te whata**, e 9 ngā oko kei runga i te **tēpu**.
E hia katoa ngā oko?

There are 5 **bowls on the shelf** and 9 bowls on the **table**.
How many bowls are there in total?

☐ + ☐ = ☐

________ katoa ngā oko

________ bowls in total

11.

25 ngā rare i hokona e Tūpara **mā tōna teina** rāua ko tōna tuahine. 12 ngā rare ka waiho mā tōna tuahine. **E hia ngā rare** mā tōna teina?

Tūpara bought 25 lollies **for his little brother** and his sister. He set aside 12 lollies for his sister. **How many lollies** were for his little brother?

☐ – ☐ = ☐

________ mā tōna teina

________ for his little brother

12.

12 ngā **waka tākaro** a Tame. E 5 **ngā taraka** tākaro a Tame. E hia katoa ngā taputapu tākaro a Tame?

Tame has 12 **toy cars**. Tame has 5 play **trucks**. How many toys does Tame have in total?

☐ + ☐ = ☐

_________ katoa ngā taputapu tākaro

_________ toys in total

13.

20 ngā ika **i mau ake** i te whānau. Ka hoki ki **uta**, ka koha i ngā ika 12 ki ō rātou kaumātua. E hia ngā ika e toe ana ki te whānau?

The whānau **caught** 20 fish. When they got to **shore**, they gifted 12 fish to their kaumātua. How many fish were the whānau left with?

□ – □ = □

__________ ngā ika e toe ana ki te whānau

__________ fish left for the whānau

14.

11 ngā kōtiro kei roto i te **akomanga**, e 8 ngā tama. **Tokohia katoa ngā tamariki** kei roto i te akomanga?

In the **classroom** there are 11 girls and 8 boys. **How many children in total** are in the classroom?

☐ + ☐ = ☐

________ katoa ngā tamariki kei roto i te akomanga

________ children total in the classroom

15.

18 ngā **poupou** kei roto i te wharenui. E 9 i tangohia kia **whakahouhia**. E hia ngā poupou kei roto tonu i te wharenui?

There were 18 **carved wall figures** in the meeting house. 9 were taken down to be **restored**. How many carved figures are still in the meeting house?

☐ – ☐ = ☐

_________ ngā poupou kei roto tonu i te whare

_________ carved figures remaining in the house

He meka pārekareka / Fun fact: He whakairo te poupou. **E ai ki ngā kōrero**, i takea mai te whakairo i a Ruatepupuke, i tana haere ki te tohu i tana tama i a Manuruhi i te whare o Tangaroa. I te piri a Manuruhi hei koruru mō te whare o Tangaroa, he whare kua **āta whakairotia** nei.

Poupou are carvings. **According to tradition**, Māori carving originates from Ruatepupuke who dove under sea to rescue his son Manuruhi from the house of Tangaroa, the god of the seas. Manuruhi was held captive on the apex of Tangaroa's house like a carved figurehead, to complement the rest of the **intricately carved** house.

16.

I **hoko atu** a Pēni i te 6 hēki i te ata, ā, i te ahiahi, 12 ngā hēki i hokona atu e ia. E hia katoa ngā hēki **i hokona atu e Pēni**?

Pēni **sold** 6 eggs in the morning, then in the afternoon he sold 12 eggs. How many eggs **did Pēni sell** in total?

☐ + ☐ = ☐

________ katoa ngā hēki

________ eggs in total

17.

14 ngā tāngata **e waiata tahi ana**. E 4 o rātou he tāne, e 4 he wāhine. **Tokohia o rātou** he tamariki?

14 people **are singing together**. 4 of them are men, 4 are women. **How many of them** are children?

□ − □ − □ = □

__________ ngā tamariki

__________ children

He meka pārekareka / Fun fact: Tokomaha ngā tāngata ka pātai mai, he aha te Māori e waiata ai ā muri i te kōrero **ōkawa**? Tuatahi, he whakanoa. Ka piki te tapu o te tangata, ka tū ana ia ki te kōrero ōkawa (whaikōrero) nā te mea ka whakahua ia i te whakapapa, te karakia, te hītoria, te whakaheke toto, te mate, **ngā atua me ngā poutiriao**. Mā te waiata e noa anō ai.

Many people ask why Māori always sing after a **formal** speech. First and foremost, it's to provide spiritual balance. A speaker's levels of tapu rise when a formal speech is delivered because sacred things are mentioned, like genealogy, incantation, history, warfare, death, **gods and deities**. By singing we bring the speaker back to a state of normality and cultural safety.

18.

Kei roto i te **whare kiriata** ngā tāne e 5, ngā wāhine e 5, **me ngā tamariki 12**. Tokohia katoa ngā tāngata kei roto i te whare kiriata?

In the **movie theatre**, there are 5 men, 5 women, **and 12 children**. How many people are there in the movie theatre in total?

☐ + ☐ + ☐ = ☐

__________ katoa ngā tāngata kei roto i te whare kiriata

__________ total people inside the movie theatre

19.

16 ngā pihikete **i tunua** e Māmā. I kai a Mere i ngā pihikete e 4. I kai a Hemana i ngā pihikete e 3. E hia ngā pihikete **e toe ana**?

Māmā **baked** 16 biscuits. Mere ate 4 biscuits. Hemana ate 3 biscuits. How many biscuits **are left**?

☐ − ☐ − ☐ = ☐

__________ ngā pihikete e toe ana

__________ biscuits are left

20.

I hoko a Hāna i ngā **rare** e 5, i hoko a Teriana i ngā rare e 6, ā, i hoko a Anaru i ngā rare e 4. E hia katoa ngā rare i hokona e **ēnei tamariki tokotoru nei**?

Hāna bought 5 **lollies**, Teriana bought 6 lollies, and Anaru bought 4 lollies. How many lollies were bought in total by **these three kids**?

☐ + ☐ + ☐ = ☐

________ katoa ngā rare

________ lollies in total

21.

15 **ngā pea** i taku kuia. I hoatu i ngā pea e 4 ki taku tuakana, ā, i homai i ngā pea e 4 ki a au. E hia ngā pea i hoatu e taku kuia ki **taku tuahine** kia riro katoa ana pea?

My kuia had 15 **pears**. She gave 4 pears each to my older brother and me. How many pears did my kuia give to **my sister** if she was left with none?

☐ – ☐ – ☐ = ☐

________ ngā pea **i hoatu e taku kuia** ki taku tuahine

________ pears **were given by my kuia** to my sister

22.

I haere te whānau ki te **whare kararehe**. I kite rātou i ngā taika 10, i ngā raiona e 6, me ngā arewhana e 2. E hia katoa ngā **kararehe** i kitea e rātou?

The whānau went to the **zoo**. They saw 10 tigers, 6 lions, and 2 elephants. How many **animals** did they see in total?

☐ + ☐ + ☐ = ☐

_________ katoa ngā kararehe

_________ animals in total

See what te reo Māori did there?

Kararehe = Animal
Whare kararehe = Zoo
Because a **whare** for animals is . . . **a zoo!**

Cool word for 'zoo' isn't it?

23.

10 **ngā aihikirīmi** ka hokona e Makoare. E 4 ngā aihikirīmi rōpere, e 3 ngā aihikirīmi **tiakarete**. E hia ngā aihikirīmi he maika te tāwara?

Makoare buys 10 **ice creams**. 4 of the ice creams are strawberry. 3 of the ice creams are **chocolate**. How many of the ice creams are banana flavoured?

☐ – ☐ – ☐ = ☐

________ ngā aihikirīmi maika

________ banana ice creams

Be careful!

24.

Ka whakatō a Mere i ngā **tipu kawakawa** e 3, i ngā tipu karamū e 6, me ngā tipu tutu e 8. E hia katoa ngā **tipu rongoā** i whakatōkia e Mere?

Mere planted 3 **kawakawa plants**, 6 karamū plants, and 8 tutu plants. How many **medicinal plants** did Mere plant?

☐ + ☐ + ☐ = ☐

________ katoa ngā tipu rongoā

________ medicinal plants in total

He meka pārekareka / Fun fact: He rākau rongoā katoa ēnei nō te ao tawhito. I whakamahia te wai o te kawakawa ki te horoi ā-roto i te tinana, arā, i ngā **tākihi**, i te puku hoki. I whakamahia ngā rau mō ngā **motutanga**, ngā whēwhē, me ngā wero mai ki te kiri pēnei i tā te **pīwara**!

I whakamahia te tutu mō ngā **tanoitanga**, ngā riakatanga, ngā kōiwi kua whati, me **ngā kirieke**. He rākau tāoke tēnei nō reira kia tūpato!

These plants were all used in traditional times as medicines. The juice of the kawakawa was used to tone the **kidneys** and ease upset stomachs. The leaves were used to treat **cuts**, boils, and stings on the skin, like that from a **wasp**!

The tutu was used for **sprains**, strains, broken bones, and **rashes**. It's a poisonous plant so be careful!

E 4 NGĀ PIKITIA, KOTAHI TE KUPU

4 PICTURES, 1 WORD

Look at the four pictures – he aha te kupu kotahi e hāngai ana ki ngā pikitia e whā nei? What's the one word that relates to them all?

Figure that out and uncover the word from the letters found under the pictures. Note that activities 1–10 have the letters in sequence, whereas for 11–24 things get a bit trickier, with the letters jumbled up! Also note that the Māori alphabet includes 'wh' and 'ng' as individual units, which is why you'll sometimes see those letters grouped together in this section.

1.

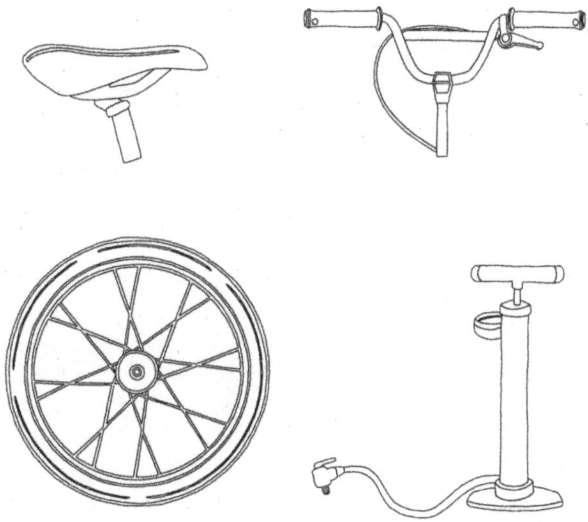

E T P A H I K A R A NG M

ANSWER _ _ _ _ _ _ _ _

Don't beat around the bush!

2.

U T P O W A I O WH H A K

ANSWER _ _ _

3.

T H U A R Ā K A U T O Ī

ANSWER _ _ _ _ _ _ _ _

4.

A T H R E R E W O I Ā N

ANSWER _ _ _ _

5.

M T R Ē H I R Ā K A U A

ANSWER _ _ _ _ _

6.

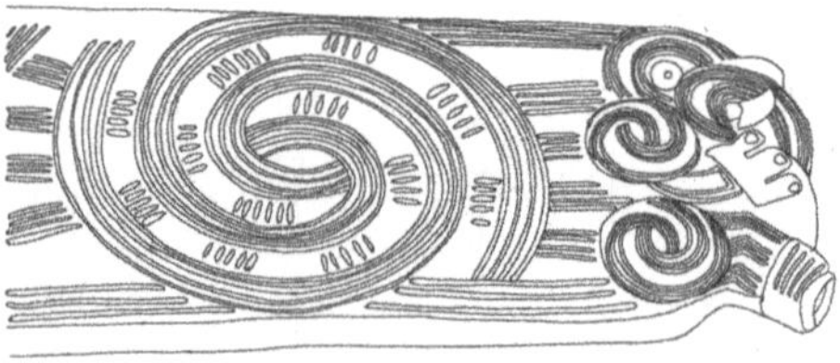

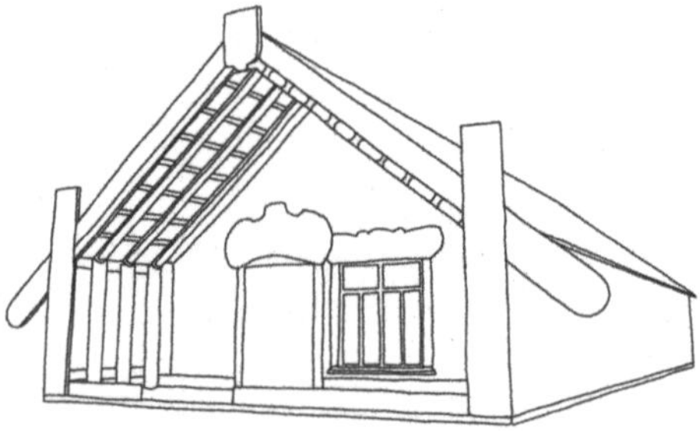

T A WH M A R A E I M Ā Ō

ANSWER _ _ _ _ _

7.

H O M A K Ō T I R O T Ū

ANSWER _ _ _ _ _ _

You're awesome!

8.

Ā H W A K A U R U T Ē NG

ANSWER _ _ _ _

9.

H Ō N U I R WH A WH A I T

ANSWER _ _ _ _ _ _ _

10.

R K Ī M A T A K U O E P

ANSWER _ _ _ _ _ _

11.

T A H R Ā E U R P O E K

ANSWER _ _ _ _ _ _ _ _

12.

NG Ō A R W O WH A T N I E

ANSWER _ _ _ _ _

13.

H K O A N K N I Ā NG I A

ANSWER _ _ _ _ _ _ _ _ _ _ _ _

14.

O N A I R WH T E A H O N

ANSWER _ _ _ _ _

15.

U M N P O U A O H U T I

ANSWER _ _ _ _

16.

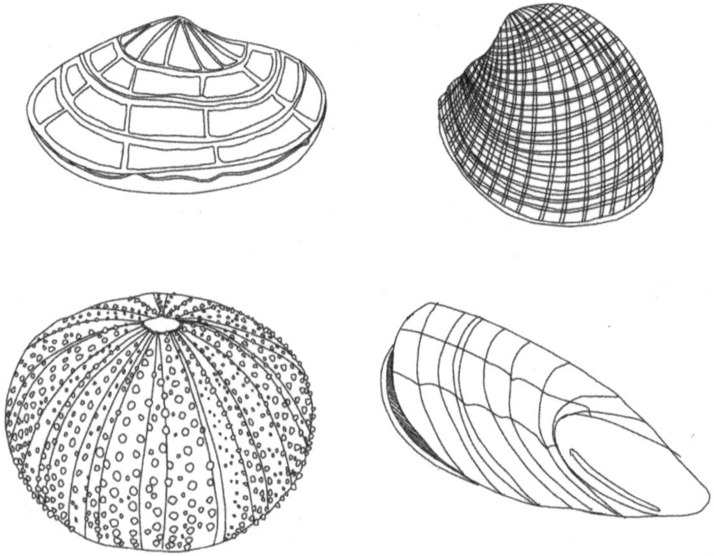

T P Ā M A I T K I Ō A E

ANSWER _ _ _ _ _ _ _ _

17.

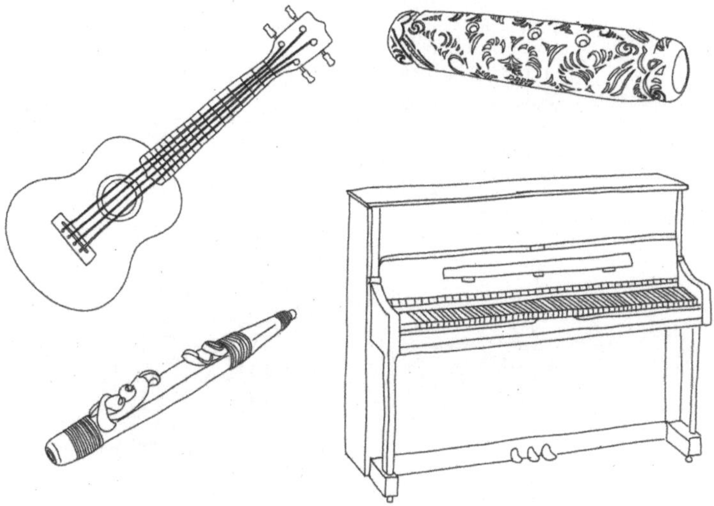

Ē P M Ī K I N U A O R O I

ANSWER _ _ _ _ _

18.

K N U W P H O P O Ā K U

ANSWER _ _ _ _ _ _ _ _

19.

A Ī NG O WH N I R A K M N

ANSWER _ _ _ _ _

20.

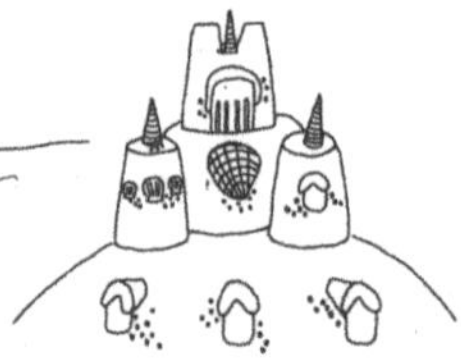
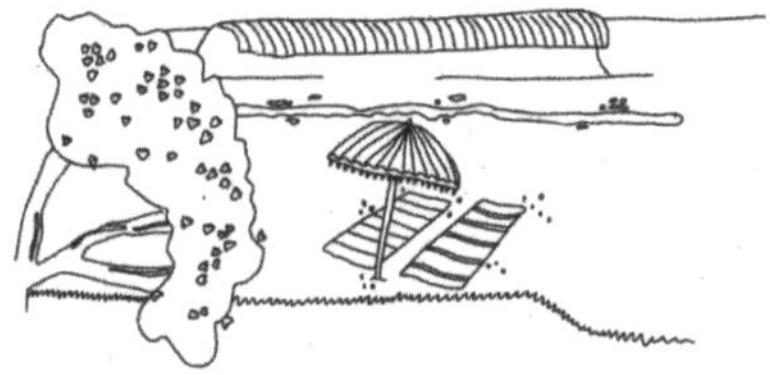
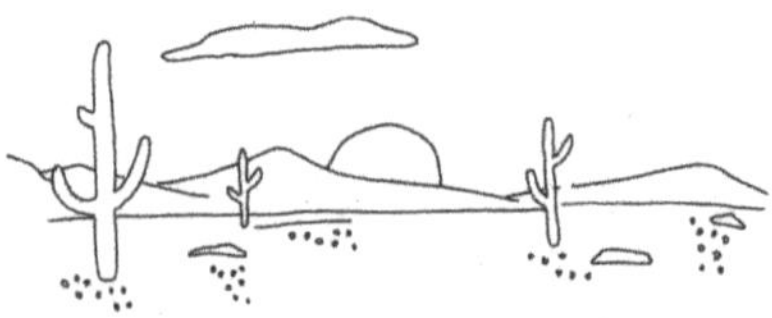

O Ū H E N P A R E Ā T W

ANSWER _ _ _ _ _

21.

M W Ā A R T I R A K I E

ANSWER _ _ _ _ _ _ _ _ _ _

22.

I O H T O K R I H O N E

ANSWER _ _ _ _ _ _

23.

I NG M E I H K O N K U A

ANSWER _ _ _

24.

R A Ū O T U W P A NG Ū T

ANSWER _ _ _ _ _ _ _ _ _ _

KIA ATAMAI

BRAIN TEASERS

Wānangahia ēnei horopaki, ēnei āhuatanga – ki ō whakaaro he aha te whakautu?

Carefully analyse the situations or events described in the following pages. How would you solve them? What are the answers? Remember, these are brain teasers, so think outside the box.

The questions will get progressively harder so if you need the English versions, you'll find them below, but see if you can work it out in te reo Māori first! Get that roro cracking!

1.

Homai he kai ka ora ahau. Homai he wai ka mate ahau. He aha ahau?

WHAKAUTU ____

Give me food and I will live; give me water and I will die. What am I?

ANSWER ____

2.

He aha te mea ka taea e koe te pupuri me te kore whakamahi i ō ringaringa?

WHAKAUTU ______________________________

What can you hold without ever touching or using your hands?

ANSWER ______________________________

3.

Tokowhā ngā tamariki a te māmā o Hoani. Ko Hānuere te mātāmua. Ko Pēpuere tō muri iho. Ko Māehe tō muri iho. Ko wai te ingoa o te pōtiki?

WHAKAUTU ____

Johnny's mother had four children. The first child was named January. The second child was named February. The third child was named March. What's the name of the youngest child?

ANSWER ____

4.

He aha ngā pūreta ka whai i ēnei:
J – F – M – A – M – J – J – A – ___ – ___ – ___?

WHAKAUTU ______________________________

What are the next three letters in the following sequence:
J – F – M – A – M – J – J – A – ___ – ___ – ___?

ANSWER ______________________________

5.

Kei roto koe i te ngahere e hōpuni ana. Kua pō, kua pōuri. Kei a koe te māti kotahi. He niupepa, he rama, he kānara hoki kei te whare. Ka tahu koe i te aha i te tuatahi?

WHAKAUTU ______________________________

You are camping in the bush and it is pitch black. You have one match on you. There's a newspaper, a lamp, and a candle in the room. What do you light first?

ANSWER ______________________________

6.

Tekau mā whitu ngā hipi a te kaipāmu. Ka mate ngā hipi katoa hāunga rā ngā hipi e iwa. E hia ngā hipi e toe ana?

WHAKAUTU ______________________________

A farmer has 17 sheep and all but nine die. How many are left?

ANSWER ______________________________

7.

E ai ki te maramataka Pākehā, e whitu ngā marama o te tau he 31 rā kei roto. E hia ngā marama e 28 ngā rā kei roto?

WHAKAUTU ______________________________

In a year, there are 12 months. Seven months have 31 days. How many months have 28 days?

ANSWER ______________________________

8.

I mua i te kitenga me te pikinga o te maunga o Aoraki, ko tēhea te maunga teitei rawa atu o Aotearoa?

WHAKAUTU ____

Before Aoraki mountain was discovered, what was the highest mountain in New Zealand?

ANSWER ____

9.

Ko tēhea te mea taumaha ake: he kirokaramu huru manu, he kirokaramu kōhatu rānei?

WHAKAUTU ______________________________________

Which is heavier – a kilogram of feathers or a kilogram of rocks?

ANSWER ______________________________________

10.

Ahakoa he pūareare tēnei mea, ka pupuri tonu i te wai. He aha te mea nei?

WHAKAUTU ____

What is full of holes but can still hold water?

ANSWER ____

11.

E hīkoi tahi ana tētahi kōtiro rāua ko te tākuta. Ko ia te tamāhine a te tākuta, engari ehara te tākuta i tōna pāpā. Ko wai te tākuta?

WHAKAUTU ____________________________________

A girl is walking down the road with a doctor. While the girl is the doctor's daughter, the doctor is not the girl's father. Then who is the doctor?

ANSWER ____________________________________

12.

Tokoono ngā tama ā ō mātua, ko koe hoki tētahi. He tuahine anō tō tēnā, tō tēnā tama. Tokohia ngā tāngata kei roto i tēnei whānau?

WHAKAUTU ______________________________

Your parents have six sons including you, and each son has one sister. How many people are in the family?

ANSWER ______________________________

13.

Tēnā ka pohewa koe kei runga waka koe i wē moana. Mea rawa ake, ka karapotihia koe e te tini o ngā mako hiakai me te mea nei e hiahia ana rātou ki te kai i a koe! Me aha koe e mutu ai tēnei āhuatanga?

WHAKAUTU ________________________________

Imagine that you are in a boat, in the middle of the sea. Suddenly, you are surrounded by hungry sharks just waiting to feed on you! How can you get yourself out of this situation?

ANSWER ________________________________

14.

Tērā tētahi tāne kua whakawhiua e te kaiwhakawā kia mate ia. Heoi anō, māna tōna mate e kōwhiri. E toru ngā rūma. Kei te rūma tuatahi, he ahi e mumura ana. Kei te rūma tuarua, he ope tauā e whakarite ana i wā rātou pū. Kei te rūma tuatoru ētahi raiona kāore anō kia whāngaihia mō te hia tau. Me kōwhiri te tangata i tēhea rūma?

WHAKAUTU ______________________________

____

____

A man condemned to death has the option of picking one of these three rooms. In the first room is a furnace filled with flames. In the second are armed men with loaded guns, while in the third are some lions who have not been fed for years. Which one should the man choose?

ANSWER ______________________________

____

____

15.

Kei roto koe i te kauranga, he pātū matapihi kore e karapoti ana i a koe. Ka whakaaro koe, me kaukau koe, ā, ka katia te kūaha, ka tukuna e koe te wai kia rere i ngā kōrere, kātahi ka pakaru te kakau ki tō ringa, kāore hoki e taea te wai te aukati. Kei te tāmau te kūaha, kāore he matapihi. Taihoa ake ka piki te kārewa o te wai, ka toromi koe. Me aha koe e ora ai koe?

WHAKAUTU ______________________________

____

____

You're in the bathroom with no windows. You decide to have a bath so you turn on the tap, you shut the door and the handle breaks so you can't open it. You then try to turn off the tap and the knob breaks so water keeps coming. How do you save yourself from drowning?

ANSWER ______________________________

____

____

16.

Kua kōhurutia he tangata i roto i tētahi whare porohita. Ka uiui ngā pirihimana i te tūmau, te wahine whakapai whare, me te kaitiaki tamariki. Hei tā te tūmau ehara i a ia, i te tunu kai ia. Hei tā te wahine whakapai whare ehara i a ia, i te pītahitahi ia i ngā kokonga o te whare. Hei tā te kaitiaki tamariki ehara i a ia, i te tākaro ia ki ngā tamariki. Ko wai kei te rūkahu?

WHAKAUTU ______________________________

A person is murdered in a round house. The police question the cook, the cleaner and the babysitter. The cook says it wasn't him; he was cooking. The cleaner says it wasn't her; she was dusting in the corners of the house. The babysitter says it wasn't her; she was playing with the kids. Who is lying?

ANSWER ______________________________

17.

Kei te hautū koe i tētahi pahi. I te tūnga tuatahi, ka piki mai ngā wāhine tokorua. I te tūnga tuarua, tokotoru ngā tāne ka piki mai, kotahi te wahine ka makere atu. I te tūnga tuatoru, ka piki mai he māmā me āna tamariki tokotoru, ka makere atu he tāne. He kiwikiwi te tae o te pahi. Kei te heke te ua i te rangi. He aha te tae o ngā makawe o te kaihautū i te pahi?

WHAKAUTU ____

You are driving a bus. At the first stop, two women get on. At the second stop, three men get on and one woman gets off. At the third stop, three kids and their mum get on, and a man gets off. The bus is grey, and it is raining outside. What colour is the bus driver's hair?

ANSWER ____

18.

Kei te tūāpapa tētahi ararewa. Tokowhā ngā tāngata kei roto i te ararewa, ko ahau tētahi. Ka piki te ararewa ki te papa tuatahi, kotahi ka puta, tokotoru ka kuhu. Ka piki te ararewa ki te papa tuarua, tokoono ka kuhu. Ka piki ki te papa tuawhā, kāore tētahi i puta engari tekau mā rua ka kuhu. Ka piki anō te ararewa, mea rawa ake, ka whati te taura rino o te ararewa, ka heke, ka tuki ki te tūāpapa, matemate te katoa! Engari kāore au i mate. Nā te aha ahau i ora ai?

WHAKAUTU ______________________________

A lift is on the ground floor. There are four people in the lift including me. When the lift reaches the first floor, one person gets out and three people get in. The lift goes up to the second floor, six people get in. It then goes up to the next floor, no one gets out but 12 people get in. Halfway up to the next floor the lift cable snaps, it crashes to the floor. Everyone in the lift dies, but not me. How did I survive?

ANSWER ______________________________

19.

Tērā tētahi koroua mātau nō Ngāi Tūhoe e manawakiore haere ana. Ka kī ia ki āna tama tokorua, 'Me whakataetae kōrua mā runga i ō kōrua hōiho, ko te hōiho *mutunga* ki te whakawhiti i te rārangi toa, ka heke taku mana rangatira ki te mea o kōrua nōna taua hōiho!' Ka karore haere rāua, ka taiāmiki haere rāua i te takiwā, kia kore ai rāua e tuatahi ki te whakawhiti i te rārangi toa. Mea rawa ake, ka tūpono rāua ki te tohunga o te iwi e kohi rongoā ana i te ngahere, ka pātai rāua ki a ia me aha. Ka kōrero te tohunga ki a rāua, kātahi rāua ka piki anō i ngā hōiho, parahutihuti ana te haere ki te rārangi toa. He aha tā te tohunga ki a rāua?

WHAKAUTU ______________________________

____

____

There once was an old man from Tūhoe, approaching his final days on this earth. He says to his two sons, 'You must race each other on your horses, whichever horse finishes *last*, my chiefly status will descend to the owner of that horse.' The brothers wandered aimlessly around the district, neither willing to cross the finish line first. Then they happened across the wise man of the tribe collecting medicines from the bush. They asked him for advice on what they should do. The wise man spoke to them, then the brothers leapt on the horses and charged to the finish line. What did the wise man say to them?

ANSWER ______________________________

____

____

20.

E hia ngā tapawhā rite?

How many squares are there?

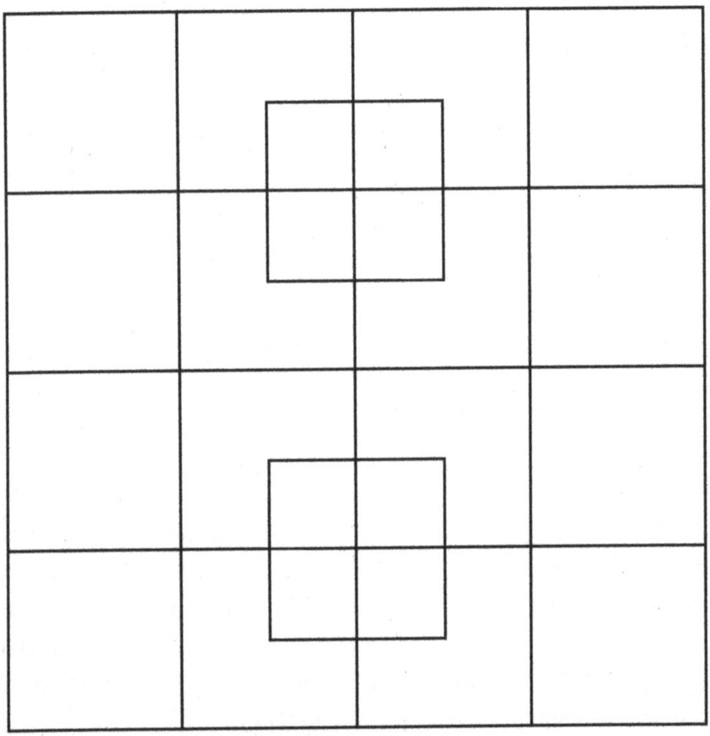

ANSWER ______________________________

KAURUKUHIA

COLOURING-IN ACTIVITIES

Many adults enjoy colouring-in for relaxation, so take a moment with these activities and show you understand the questions in te reo Māori! If you're up for it, you could also learn the word for the item and repeat it as you're colouring, to help form a strong visual association with that kupu, so you never forget it.

1.

Kaurukuhia anake ko ngā mea e ora ai tō waha

2.

Kaurukuhia ngā tamariki a Tāne Mahuta

3.

Kaurukuhia ngā mea e ora ai tō tinana

4.

Kaurukuhia ngā rākau a Tūmatauenga

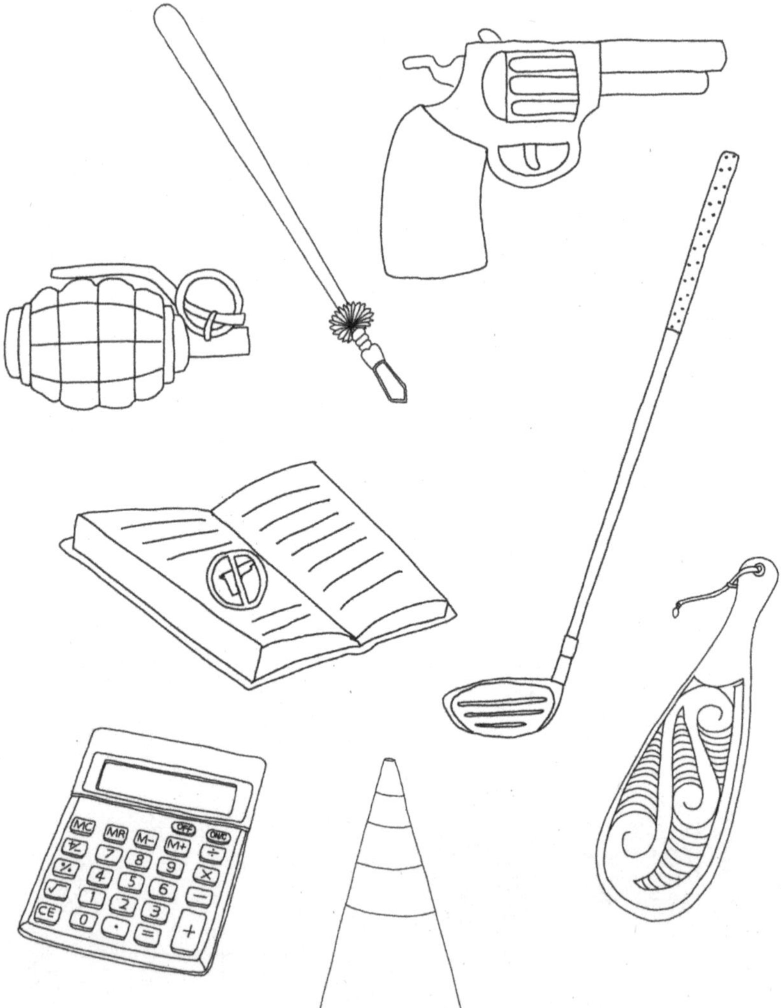

5.

Kaurukuhia ngā taputapu nō te wāhi tākaro

6.

Kaurukuhia ngā tamariki a Tangaroa

7.

Kaurukuhia ngā kai parakuihi

8.

Kaurukuhia ngā taputapu hākinakina

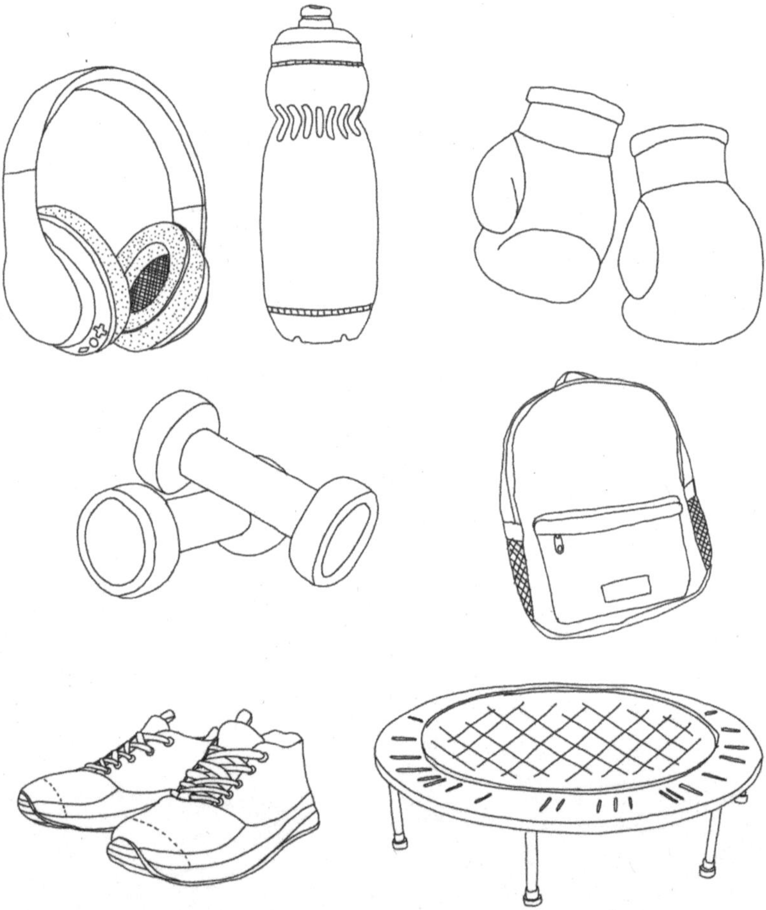

9.

Kaurukuhia ngā āhuatanga huarere

10.

Kaurukuhia ngā kai a Rongomātāne arā, ngā kai e tipu ana i te whenua

11.

Kaurukuhia tēnei pikitia. Whakamahia ngā tae kua tohua mō tēnā nama, mō tēnā nama.

1. Mā 2. Kōwhai 3. Kikorangi 4. Whero 5. Parauri

12.

Kaurukuhia tēnei pikitia. Whakamahia ngā tae kua tohua mō tēnā nama, mō tēnā nama.

1. Kākāriki 2. Karaka 3. Pango 4. Kikorangi 5. Parauri

13.

Kaurukuhia tēnei pikitia. Whakamahia ngā tae kua tohua mō tēnā nama, mō tēnā nama.

1. Kikorangi 2. Kōwhai 3. Mā 4. Pango 5. Kākāriki

14.

Kaurukuhia tēnei pikitia. Whakamahia ngā tae kua tohua mō tēnā nama, mō tēnā nama.

1. Kōwhai 2. Mā 3. Whero 4. Waiporoporo 5. Karaka

15.

Kaurukuhia tēnei pikitia. Whakamahia ngā tae kua tohua mō tēnā nama, mō tēnā nama.

1. Waiporoporo 2. Kiwikiwi 3. Pango 4. Whero 5. Kākāriki

16.

Kaurukuhia tēnei pikitia. Whakamahia ngā tae kua tohua mō tēnā nama, mō tēnā nama.

1. Parauri 2. Whero 3. Kikorangi 4. Mā 5. Karaka

17.

Kaurukuhia tēnei pikitia. Whakamahia ngā tae kua tohua mō tēnā nama, mō tēnā nama.

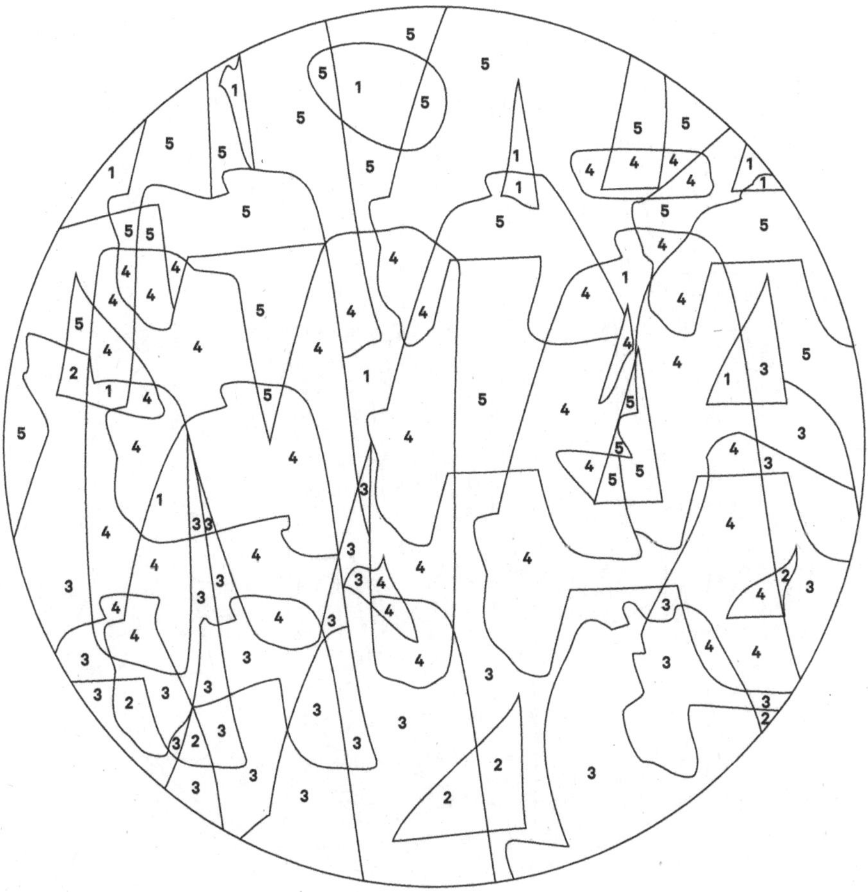

1. Kākāriki 2. Whero 3. Kikorangi 4. Mā 5. Kōwhai

18.

Kaurukuhia tēnei pikitia. Whakamahia ngā tae kua tohua mō tēnā nama, mō tēnā nama.

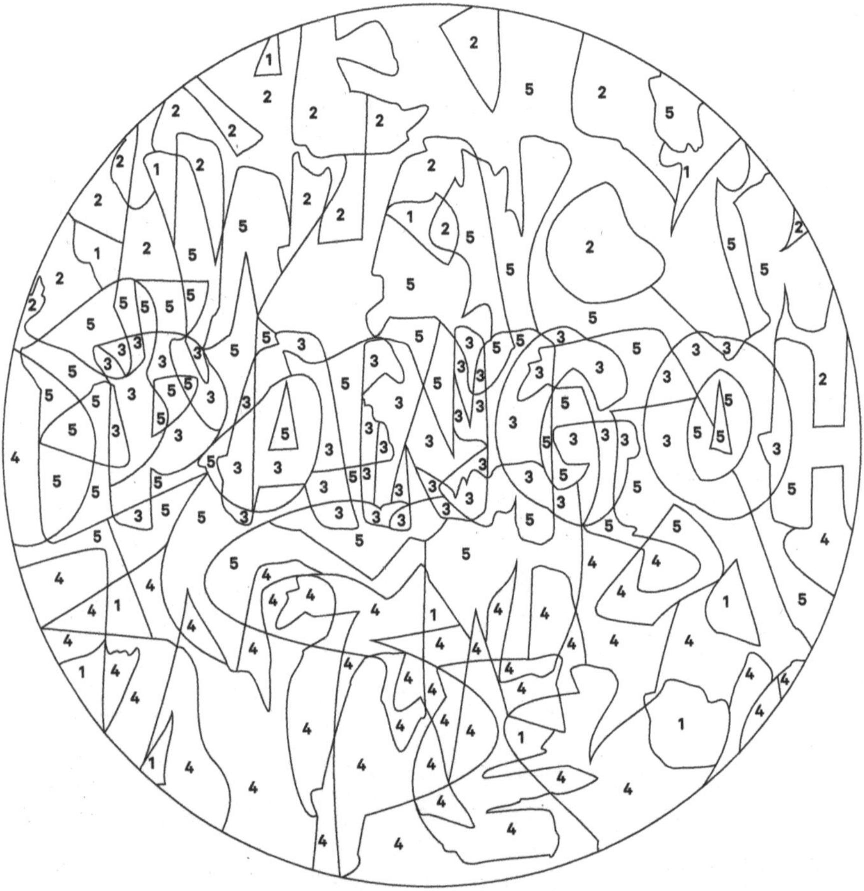

1. Kākāriki 2. Karaka 3. Pango 4. Parauri 5. Kōwhai

19.

Kaurukuhia tēnei pikitia. Whakamahia ngā tae kua tohua mō tēnā nama, mō tēnā nama.

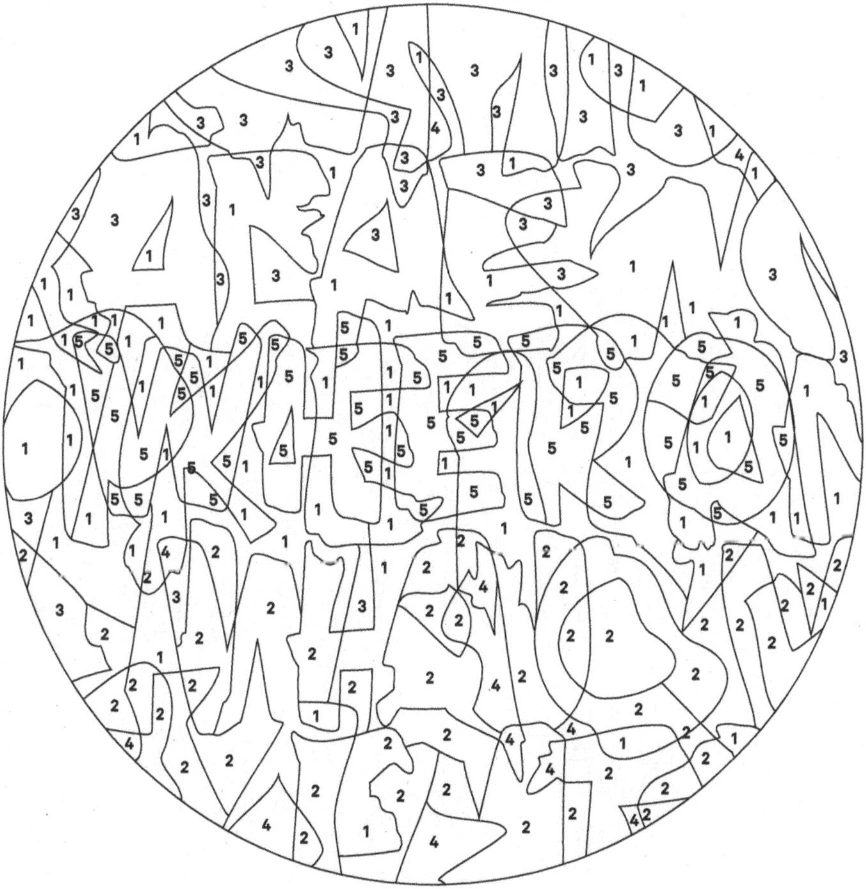

1. Kiwikiwi 2. Karaka 3. Kikorangi 4. Waiporoporo 5. Whero

20.

Kaurukuhia tēnei pikitia. Whakamahia ngā tae kua tohua mō tēnā nama, mō tēnā nama.

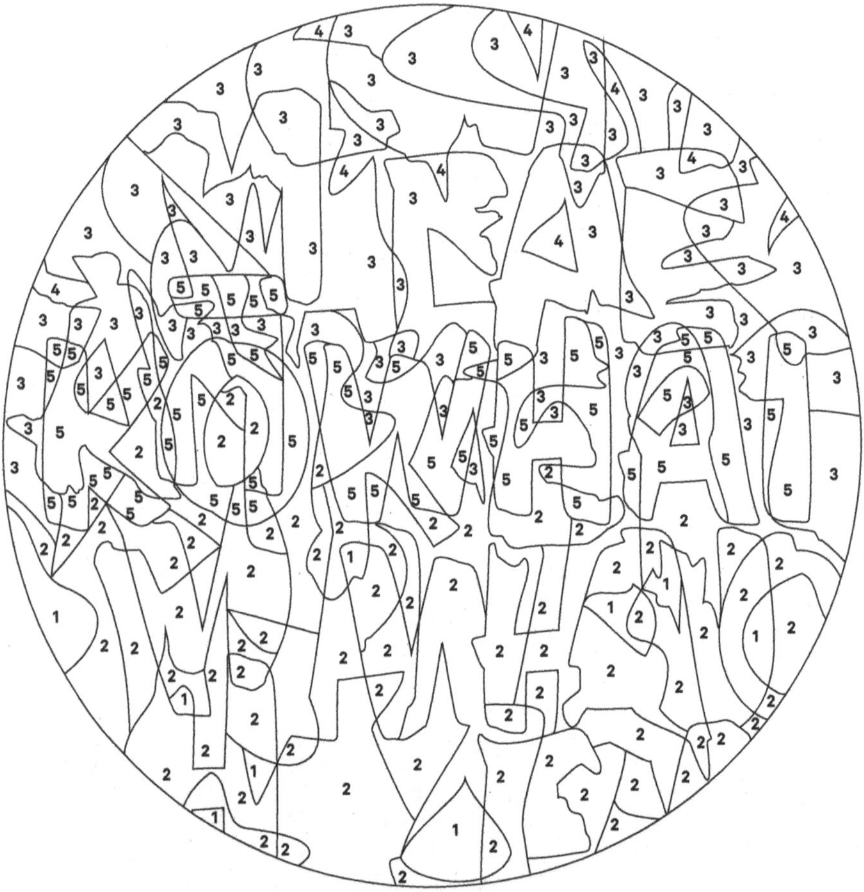

1. Kikorangi 2. Kākāriki 3. Whero 4. Parauri 5. Kōwhai

PANGAKUPU

CROSSWORDS

One of the first things to figure out when you're beginning your te reo Māori learning journey is what kind of learner you are. Ask yourself these questions: What style of learning suits me best? What works for me? Do I need heaps of grammar or would I rather learn by doing hands-on activities and games? Crosswords appeal to a wide range of different learning styles. Visual learners often have strong problem-solving skills and feel great satisfaction when completing a crossword. Auditory learners like the step-by-step process, and many enjoy the reasoning and the decision-making challenge of crosswords.

When we were learning te reo Māori, we always found crosswords a great way to learn new words. They are similar to wordfinds in that they help you to build the range of vocabulary needed to eventually speak Māori.

So, for these crosswords, you simply need to translate the given word. Don't forget, though: to enhance your learning, take some time to learn the meanings of the words in English and commit them to memory once you have completed each crossword.

Taputapu Matihiko
Digital Devices

ACROSS

4. iPhone
6. iPad
7. Laptop
9. Computer
10. Smart TV

DOWN

1. Mobile phone
2. Device
3. Tablet
5. Drone
8. iTunes

Kupu Matihiko
Digital Terms

ACROSS

3. Download
4. Click
6. USB stick
9. Blog
10. Swipe
14. Cloud
15. Search
16. Internet
19. Text
20. Turn off
21. Podcast
22. Website

DOWN

1. Technology
2. Virus
5. Wi-Fi
7. Screen
8. Selfie
11. Online
12. Password
13. SoundCloud
17. Email
18. Scroll

Pae Pāpori
Social Media

ACROSS

3. Hashtag
4. Cyber safety
6. App
7. To 'unfriend' someone

DOWN

1. Cyber bullying
2. Emoji
5. To 'friend' someone

Kupu Whānau
Family Terms

ACROSS

2. Daughter-in-law / Son-in-law
10. Older sibling (gender specific)
11. Son
13. Grandmother
14. Daughter
15. Brother of a female
16. Grandfather
17. First cousin

DOWN

1. Grandchildren
3. Mother
4. Younger sibling (gender specific)
5. Second cousin
6. Relation
7. Sister of a male
8. Children
9. Mother-in-law / Father-in-law
12. Father

Whakahau
Commands
(Using 'E . . .')

ACROSS

4. E oma!
5. E oho!
6. E karo!
8. E noho!

DOWN

1. E moe!
2. E inu!
3. E tū!
7. E kai!

Whakahau 2

Commands 2

(No 'E' for words of 3 or more syllables)

ACROSS

5. Pātai atu
6. Hoihoi
7. Whakarongo
9. Takoto

DOWN

1. Titiro
2. Haere mai
3. Maranga
4. Taihoa
8. Haere atu

Whakahau 3

Commands 3

(Using 'Kia . . .' – one entry has been filled in as an example)

ACROSS

2. Be careful!
5. Be quick!
6. Be calm, settle down!
7. Be alert!
8. Be deliberate!

DOWN

1. Be steadfast!
3. Be determined!
4. Be strong!

Whakahau 4

Commands 4

(Using passive endings – one entry has been filled in as an example)

ACROSS

6. Take off
7. Close
8. Drink
10. Take
11. Fetch
12. Eat

DOWN

1. Look
2. Catch
3. Hold
4. Sweep
5. Open
9. Kill / Strike

Kia kaha te mahi!

Kupu Wāhi
Locations

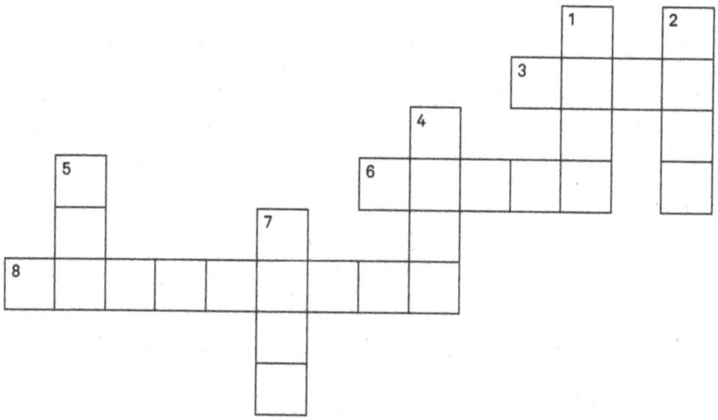

ACROSS

3. Below or under
6. Above or on top
8. In the middle of

DOWN

1. Side
2. Inside
4. Behind
5. In front of
7. Outside

Kupu Āhua
Adjectives

ACROSS

4. Harikoa
7. Haututū
8. Teitei

DOWN

1. Pukukino
2. Koretake
3. Ātaahua
5. Nui
6. Wera

Kupu Pātai Matua

Key Question Words

ACROSS

4. How many? (Are there)
6. Which? (Singular)
7. Where?
9. Which? (Plural)

DOWN

1. Who?
2. When? (Future tense)
3. When? (Past tense)
5. Where? (Past tense)
8. What?

Kupu Rongonui
Well-known Words

ACROSS

2. House
7. Guardianship
9. Gift
10. To cry / Funeral
11. Mountain
12. Love
13. Sacred
14. Land

DOWN

1. Family
3. Ocean
4. Be strong
5. Hello
6. Power / Influence
8. Genealogy

Mihi Tangata
Terms of Address

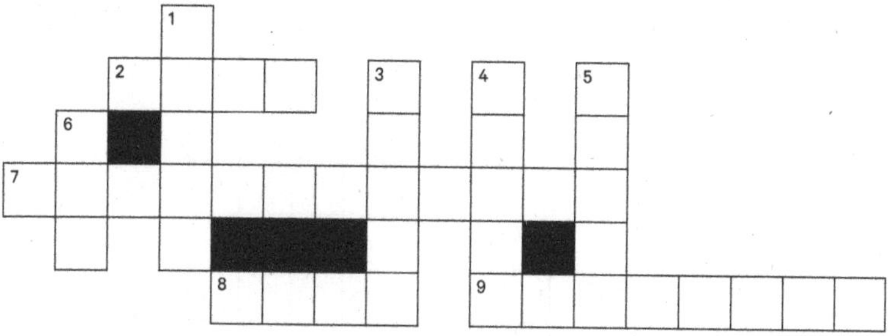

ACROSS

2. Used for an elderly woman
7. Used for a person of rank
8. Used for a friend
9. Used for a male a generation older than you

DOWN

1. Used for an elderly man
3. Used for a boy or young man
4. Used for a girl or young woman
5. Used for an intimate friend
6. Used in a similar way to 'sir' in English

Kei te pēhea koe?

How are you?

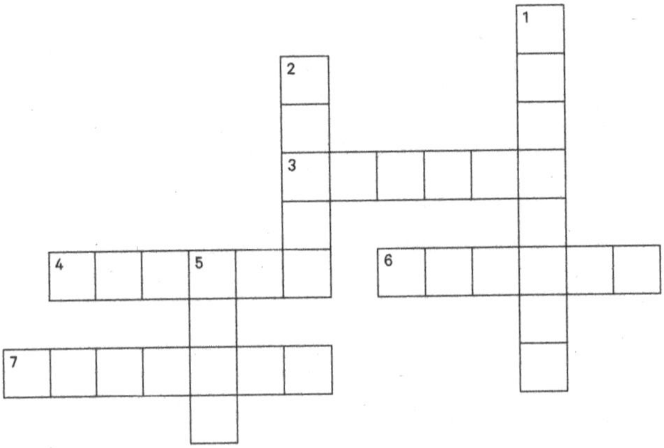

ACROSS

3. Pukukino
4. Hiakai
6. Hiamoe
7. Kāore i te pai

DOWN

1. Tino ora
2. Riri
5. Pai

Te Marae
The Marae

ACROSS

2. Ceremonial feast
9. Formal speech
11. Pressing of noses
13. Local person / people
14. Traditional call of welcome
15. Meeting or gathering
16. Toilets

DOWN

1. Welcome
3. Visitor(s)
4. Home ground
5. Song
6. Traditional challenge
7. Entrance / Gateway
8. Elder (male or female)
10. Meeting house
12. Dining room

Te Wharenui

The Meeting House

ACROSS

3. Carved figure standing atop the apex
5. Ornamental lattice work between poupou
8. Ridgepole
10. Centre post inside house
11. Sloped carvings along roof
12. Window

DOWN

1. Rafter
2. Carving on apex below the tekoteko
4. End points of the maihi
6. Carved slabs on inside wall
7. Painted scroll ornamentation
9. Doorway

Huawhenua
Vegetables

ACROSS

4. Hirikakā
6. Huamata
8. Kūmara
10. Rengakura
12. Paukena

DOWN

1. Korare
2. Nīko
3. Kāroti
5. Rētihi
7. Kānga
9. Kamoriki
11. Riki / Aniana

Huarākau
Fruit

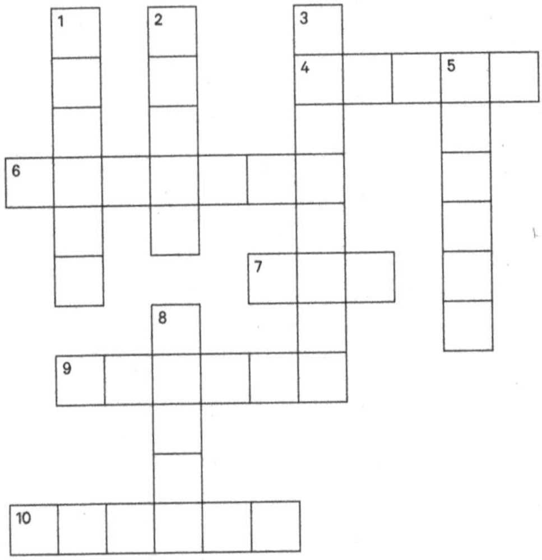

ACROSS

4. Apple
6. Kiwifruit
7. Pear
9. Grape
10. Peach

DOWN

1. Blueberry
2. Banana
3. Raspberry
5. Strawberry
8. Orange

Ika
Fish

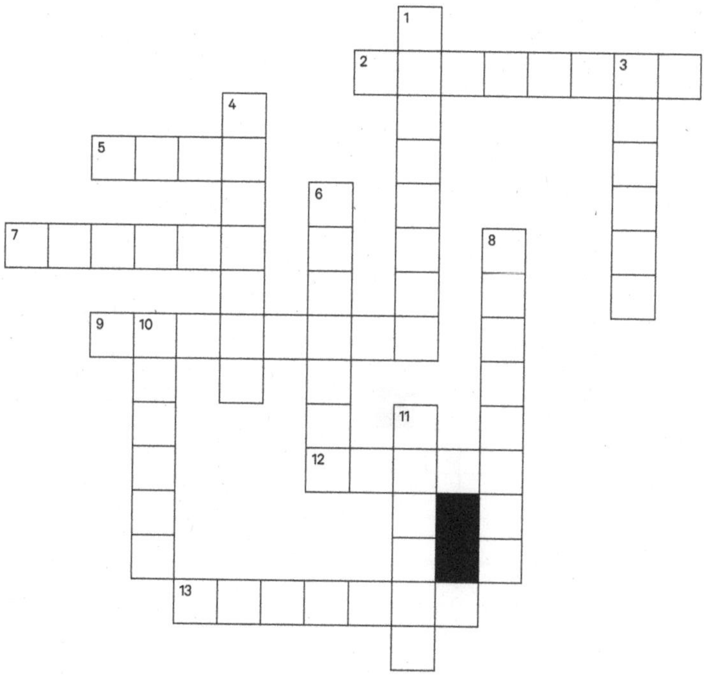

ACROSS

2. Kōura
5. Pāpaka
7. Kūtai
9. Kuparu
12. Ngū
13. Tāmure

DOWN

1. Araara
3. Kōuraura
4. Pāua
6. Wheke
8. Pātiki
10. Tio
11. Kanae

Mīti
Meat

ACROSS

2. Mīti hipi
4. Poaka tauraki
6. Reme
8. Rara
9. Nakunaku
11. Korukoru
12. Mīti poaka

DOWN

1. Tōtiti / Hōtiti
3. Pēkana
5. Heihei
7. Mīti kau
10. Rakiraki

He Kai
Food

ACROSS

4. Cream
7. Cheese
8. Yoghurt
11. Pita bread
12. Sugar
13. Salt
14. Butter

DOWN

1. Eggs
2. Tea
3. Milk
5. Sausage roll
6. Pepper
9. Bread
10. Coffee

Tākaro
Games

ACROSS

3. Toa
4. Kaiwhakaako
8. Poukoko
9. Kaihautū
10. Tatau
11. Whakapuru waha
14. Pou
16. Kaiwawao
17. Rutu

DOWN

1. Karumātaki
2. Whana
5. Kaitākaro
6. Hāmene
7. Maka
12. Hoariri
13. Haupārua
15. Pōro

Rēhiatanga
Recreational Activities

ACROSS

4. Hokohoko
6. Peita pikitia
7. Whakangau kararehe
8. Pānui pukapuka

DOWN

1. Rukumoana
2. Hī ika
3. Hākinakina
5. Kanikani

Mahi
Professions

ACROSS

5. Businessperson
8. Architect
11. Builder
13. Salesperson
14. Politician

DOWN

1. Artist
2. Soldier
3. Singer
4. Writer
6. Accountant
7. Teacher
9. Musician
10. Doctor
12. Editor

PANGAKUPU PĀNGARAU

MATHS CROSSWORDS

One of the major benefits when doing a crossword is it teaches you how to spell! But what about a maths crossword? Well for one thing, they help make maths a little bit less mundane! Ha!

But seriously, maths crosswords really help you to work out how the reo Māori number system works. Learning how to count in Māori is obviously going to be important as your knowledge of the language grows. It does take quite a bit of time and practice, but these maths crosswords should help you out a lot.

Keep practising the numbers in your everyday activities so you become better and better: say the day's date in Māori, the time in Māori . . . any numbers you see as you go through your day-to-day business, stop and say them in te reo Māori!

Tangohanga 1
Subtraction 1

ACROSS

5. 12–5=
6. 8–8=
7. 20–0=
8. 14–10=
9. 8–7=

DOWN

1. 10–7=
2. 20–8=
3. 19–2=
4. 11–6=

Tāpiritanga 1
Addition 1

ACROSS

6. 8+7=
7. 4+4=
8. 5+0=
9. 4+2=
10. 1+2=

DOWN

1. 5+5=
2. 3+1=
3. 4+3=
4. 8+1=
5. 10+6=

Whakareatanga 1
Multiplication 1

ACROSS

3. 0×7=
7. 1×1=
8. 4×2=
9. 2×1=

DOWN

1. 3×2=
2. 5×2=
4. 7×1=
5. 1×3=
6. 3×3=

Whakawehetanga 1
Division 1

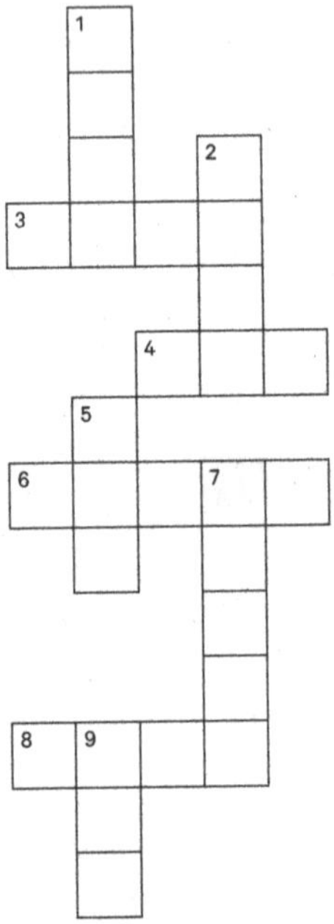

ACROSS

3. 10÷2=
4. 4÷2=
6. 7÷1=
8. 9÷3=

DOWN

1. 1÷1=
2. 8÷1=
5. 8÷2=
7. 10÷1=
9. 12÷2=

Tangohanga 2
Subtraction 2

ACROSS

3. 10−4=
5. 19−8=
7. 8−6=
8. 14−13=
9. 9−4=

DOWN

1. 20−5=
2. 5−5=
4. 10−3=
6. 8−4=

Tāpiritanga 2
Addition 2

ACROSS

3. 7+3=
4. 1+0=
6. 8+6=
8. 2+3=

DOWN

1. 4+5=
2. 10+1=
5. 2+2=
7. 5+3=

Whakareatanga 2
Multiplication 2

ACROSS

2. 2×5=
6. 8×2=
7. 2×4=
8. 7×2=

DOWN

1. 6×2=
3. 0×9=
4. 9×1=
5. 3×1=

Whakawehetanga 2
Division 2

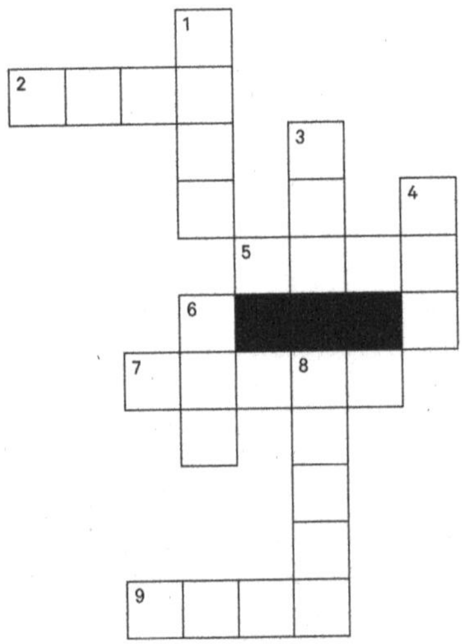

ACROSS

2. 8÷8=
5. 16÷2=
7. 14÷2=
9. 9÷3=

DOWN

1. 5÷1=
3. 18÷2=
4. 6÷3=
6. 4÷1=
8. 20÷2=

Tangohanga 3
Subtraction 3

ACROSS

6. 16−3=
7. 17−12=
8. 10−6=
9. 12−4=
10. 19−4=

DOWN

1. 19−2=
2. 13−3=
3. 11−5=
4. 20−8=
5. 4−2=

Tāpiritanga 3
Addition 3

ACROSS

2. 15+1=
4. 8+1=
7. 12+2=
8. 14+3=
9. 1+3=

DOWN

1. 5+13=
3. 5+0=
5. 1+10=
6. 2+5=

Whakareatanga 3
Multiplication 3

ACROSS

3. 6×2=
5. 12×2=
6. 2×8=
7. 2×1=
8. 4×2=

DOWN

1. 2×9=
2. 10×2=
4. 7×2=

Whakawehetanga 3
Division 3

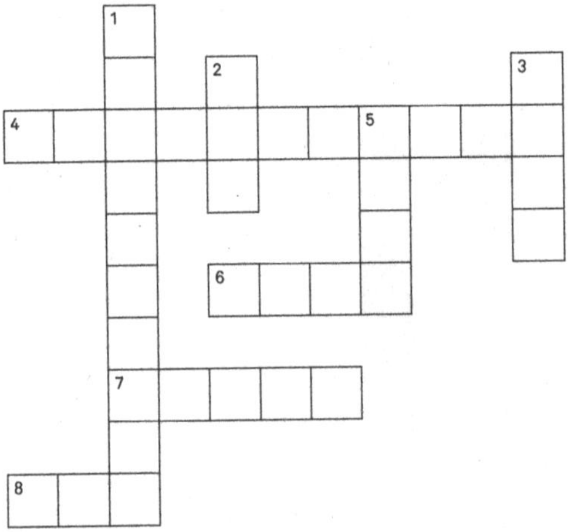

ACROSS

4. 22÷2=
6. 24÷3=
7. 21÷3=
8. 16÷4=

DOWN

1. 28÷2=
2. 20÷10=
3. 15÷3=
5. 21÷7=

Tangohanga 4
Subtraction 4

ACROSS

5. 40–20=
7. 30–15=
8. 36–13=
9. 30–26=
10. 26–20=

DOWN

1. 40–23=
2. 30–4=
3. 22–10=
4. 30–12=
6. 25–20=

Tāpiritanga 4
Addition 4

ACROSS

5. 15+10=
6. 18+1=
8. 12+2=
9. 21+9=
10. 3+8=

DOWN

1. 5+23=
2. 10+7=
3. 1+20=
4. 19+8=
7. 9+7=

Whakareatanga 4
Multiplication 4

ACROSS

3. 18×1=
8. 11×2=
9. 7×3=
10. 3×10=

DOWN

1. 14×2=
2. 6×6=
4. 3×8=
5. 5×3=
6. 20×2=
7. 4×5=

Whakawehetanga 4
Division 4

ACROSS

2. 30÷1=
3. 75÷3=
7. 33÷3=
8. 24÷2=
9. 2÷1=
10. 16÷2=

DOWN

1. 64÷2=
4. 20÷5=
5. 30÷3=
6. 28÷4=

Tangohanga 5
Subtraction 5

ACROSS

4. 47–41=
6. 50–5=
7. 34–19=
8. 30–16=
9. 50–17=

DOWN

1. 43–17=
2. 50–13=
3. 40–23=
5. 34–23=

Tāpiritanga 5
Addition 5

ACROSS

2. 19+27=
7. 15+23=
8. 13+20=
9. 15+13=
10. 0+7=
11. 16+31=

DOWN

1. 21+2=
3. 21+20=
4. 12+5=
5. 10+14=
6. 38+1=

Whakareatanga 5
Multiplication 5

ACROSS

3. 19×1=
6. 4×7=
7. 11×3=
9. 4×8=
10. 21×2=

DOWN

1. 10×2=
2. 2×9=
4. 13×2=
5. 3×4=
8. 7×2=

Whakawehetanga 5
Division 5

ACROSS

3. 40÷2=
5. 40÷4=
8. 42÷2=
9. 40÷10=
10. 32÷4=

DOWN

1. 56÷2=
2. 42÷3=
4. 60÷4
6. 45÷5=
7. 36÷3=

TAKE PŪTEA

MONEY MATTERS

Another good way to practise numbers is through money activities. The activities in this section are designed to increase your knowledge of the number system in te reo Māori, but also to get you writing and **saying** how much money is needed to purchase an item and how much change is left over. Keep in mind that, although the activities you are doing are written, we strongly encourage you to vocalise what you're doing as well. For example, when you write, 'Tekau tāra, rima tekau hēneti ($10.50)', practise saying that out loud. This is quite an advanced section but have a go, e hoa mā. See if you can work out what you have to do . . . and the answer, of course! If you're a parent and want to do some more money-based te reo activities with your kids, try some of these:

- Fill a small jar with coins and money (can be play money) and challenge children to estimate the amount using te reo Māori, and then count it in te reo Māori to check.
- Find an interesting fact about the native birds whose pictures are found on paper money.
- Discuss the cost and quality of items you see advertised on TV and in newspapers, asking the question, 'E hia te utu mō . . .?' (What is the cost of . . .?).
- Toss coins into a bowl. When finished, count how much money went in, and how much money missed the target!

1.

Kaurukuhia te tapeketanga tika e hoko ai koe i tēnei taputapu:

Colour the correct amount of money you need to buy this item:

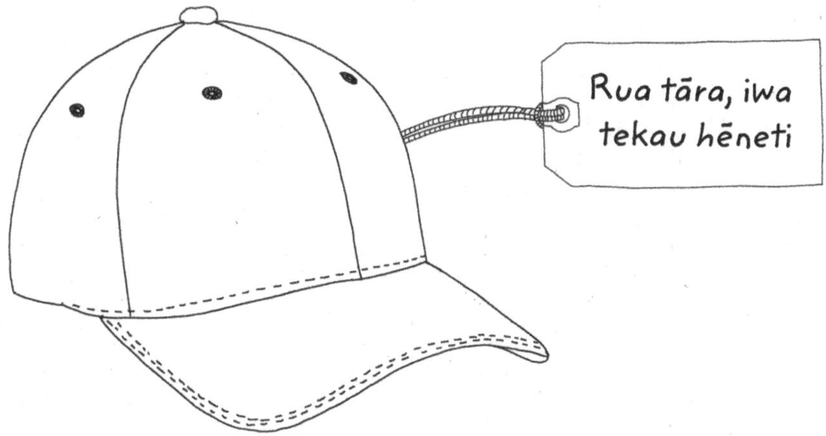

2.

Kaurukuhia te tapeketanga tika e hoko ai koe i tēnei taputapu:

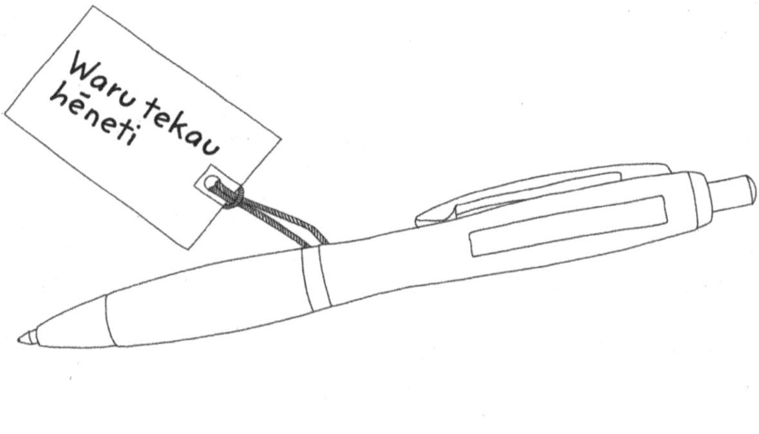

3.

Kaurukuhia te tapeketanga tika e hoko ai koe i tēnei taputapu:

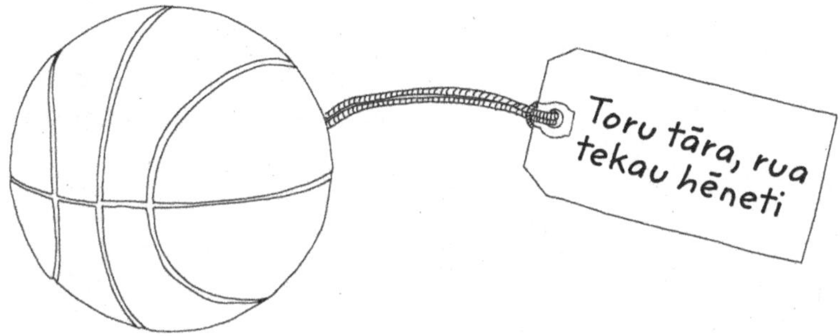

4.

Kaurukuhia te tapeketanga tika e hoko ai koe i tēnei taputapu:

5.

Kaurukuhia te tapeketanga tika e hoko ai koe i tēnei taputapu:

6.

Toru tekau hēneti
Toru tāra
EXCERCISE BOOK
1B5
Whā tāra, ono tekau hēneti
Rua tāra, rua tekau hēneti
lunch time
Waru tekau hēneti

Tuhia te tapeketanga o ēnei taputapu:

Write the total cost of these items:

1. Te pukapuka me te pene rākau = $_________ te utu

2. Te pukapuka me te tātaitai = $_________ te utu

3. Te pene rākau me te pouaka kai = $_________ te utu

4. Te pouaka kai me te pukapuka = $_________ te utu

5. Te ine me te pene rākau = $_________ te utu

6. Te ine me te tātaitai = $_________ te utu

7. Te tātaitai me te pouaka kai = $_________ te utu

8. Te pouaka kai me te pene rākau = $_________ te utu

7.

Whakautua ēnei pātai:

Answer these questions:

1. Kei a Wiremu ēnei moni kei raro nei. E hia katoa ngā moni kei a Wiremu?
Wiremu has the money shown below. How much money does Wiremu have?

Mahia tō mahi ki konei:
Work out your answer here:

E $__________ kei a Wiremu

2. Kei a Hūhana ēnei moni kei raro nei. E hia katoa ngā moni kei a Hūhana?

Mahia tō mahi ki konei:

E $__________ kei a Hūhana

3. Kei a Anatōnio ēnei moni kei raro nei. E hia katoa ngā moni kei a Anatōnio?

Mahia tō mahi ki konei:

E $________ kei a Anatōnio

4. Kei a Hone ēnei moni kei raro nei. E hia katoa ngā moni kei a Hone?

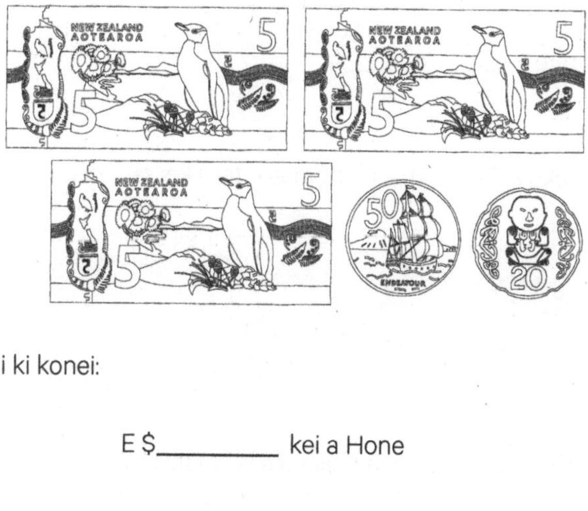

Mahia tō mahi ki konei:

E $________ kei a Hone

8.

Whakautua ēnei pātai:

Answer these questions:

1. Kei a Te Ariki te $1. Kei a Tere te 80c. Kei a Mikaere te 50c.

E hia ngā moni kei ēnei tamariki tokotoru?

Mahia tō mahi ki konei:

____

____

____

Kei a rātou te $__________

2. Kua hoko a Te Atawhai i ēnei mea e toru kei raro nei:

E hia te utu mō ngā mea kua hokona e ia? Mahia tō mahi ki konei:

____

____

____

E $__________ te utu

3. E $3 e toe ana ki a Raniera. Kātahi ka aroha tōna pāpā, ka hoatu te $5.70 ki a ia. E hia te moni kei a ia ināianei?
Mahia tō mahi ki konei:

___

___

___

Kei a ia te $______

4. Ki te hoko a Raukura i ēnei mea e toru ki raro nei, he aha te utu ki a ia?

Mahia tō mahi ki konei:

___

___

___

E $______ te utu

5. $3.50 ngā moni kei a Rāwiri. Kātahi ia ka hoko i te pihikete, e $2.50 te utu. E hia ngā moni e toe ana ki a Rāwiri ināianei?
Mahia tō mahi ki konei:

____

____

____

$ __________ e toe ana ki a Rāwiri

6. Kua āta penapena a Pāora rāua ko Te Manahau i te $12. Mēnā nā Pāora te $6.30 o taua pūtea, e hia ngā moni nā Te Manahau?
Mahia tō mahi ki konei:

____

____

____

E $ __________ o taua $12, nā Te Manahau

PANGA NAMA

NUMBER PUZZLES

Mātanga level! Expert level! These quizzes are for when you're feeling sharp. They're all about **wordplay**, based on the fact that one Māori word can have multiple meanings, including many of the words for numbers. For example, 'tahi' means 'one' as well as 'sweep'; below are some other meanings of the words for numbers to complete as testers!

Tahi means 'one', 'together as one, unity', as well as 'sweep'
Rua means 'two', as well as 'hole' or 'crater'
Toru means 'three', and is also the name of a native bush, *Toronia toru*
Whā means 'four', as well as 'leaf' (especially plants such as harakeke)
Rima means 'five'; and 'taurima' means to 'look after', 'adopt', or 'entertain'
Ono means 'six', as well as 'plant' (as in, to plant a tree); this number is a palindrome.
Whitu means 'seven'; and 'hokowhitu' is also recognised as 'battalion' (the 28th Māori Battalion was named 'Te Hokowhitu a Tū')
Waru means 'eight', as well as 'peel'
Iwa means 'nine', the number of stars in the Matariki cluster.
Tekau means 'ten'; **ngahuru** is another word for 'ten', and it also means 'autumn'

Punny Numbers

Now you've got your head around double meanings, write the number that represents the word that can sit in these sentences:

Me _______________ koe i ngā rīwai.
You should peel the potatoes.

Ka puta mātou ki te kai _______________.
We will go out to eat together (as <u>one</u>).

Kia tūpato! He _______________ kei muri i a koe!
Watch out! There's a <u>hole</u> behind you!

Māku rātou e tau_______________.
I will <u>look after</u> them.

I _______________kia ngā kūmara ki hea?
Where were the kūmara <u>planted</u>?

Crack the Code

Bearing those double meanings in mind, crack the code! Each clue refers to a number, meaning there are six numbers in the code. What is the code to open the safe?

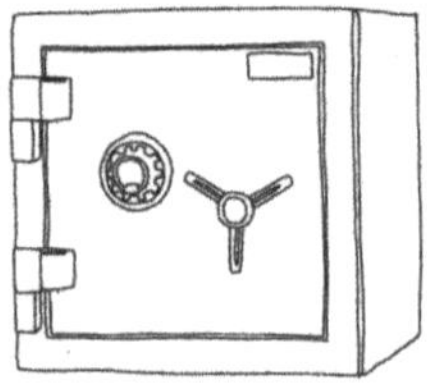

- Crater
- Autumn
- E hia ngā whetū o te kāhui Matariki?
- Peel-the cow-white-peel
- Number that is a kupu tuataurite (palindrome)
- Sweep

Extra clue if you need it: te kau (the cow) sounds like ________?

Match the Track Event

Which Māori word refers to which track event, considering how many events are in each?

Draw a line between the matching pairs:

Hākina whitu	Decathlon
Tauwhāinga toru	Pentathlon
Hākina ngahuru	Triathlon
Tauwhāinga rua	Heptathlon
Hākina rima	Duathlon

Licence Plates

You see these numbers and letters on a licence plate. What do they mean?

KO1TANGA ____________________

22 NOA IHO ____________________

TANI4 ____________________

T6T6 ____________________

MĀ WAI E TAU5 ____________________

HOKO7ATŪ ____________________

MAHI1 ____________________

4NAKO ____________________

E 2 E 2 ____________________

MĀTO3 ____________________

TE PŪRETA NGARO

MISSING LETTER

In the puzzles 1–10 there is one letter missing in the centre square. Your job is to figure out what the missing letter is, which will make four words from the cube.

O_1	A_2	E
I_4	**K**	I
E_3	A	O

In this example, the letter **K** would be the answer in order to make the words:

1) OKO (bowl); 2) AKA (vine); 3) EKE (ride); 4) IKI (devour)

Tīwhiri / Clue: The letter will always be a consonant, and if you need it, the meaning of the four words is provided.

In the puzzles 11–20, you need to identify the missing letter in each word and put them in order to spell a common word that will crack the code.

1.

A	I	O
A		E
A	I	A

This grid will make words for:

1. PATH ____________
2. HANG ____________
3. FOCUS ____________
4. OPEN ____________

2.

A	I	I
U		U
I	A	A

This grid will make words for:

1. MORNING ____________
2. TIGHTLY ____________
3. SMALL ____________
4. REVENGE ____________

3.

O	U	I
A		I
I	I	O

This grid will make words for:

1. WAKE ____________
2. COVER ____________
3. RAY OF SUN ____________
4. FIRE ____________

4.

A	U	I
U		A
E	U	A

This grid will make words for:

1. OUTRIGGER ____________
2. OVEN ____________
3. GATHERED TOGETHER ____________
4. CHEST ____________

5.

I	O	O
A		A
O	I	E

This grid will make words for:

1. MEASURE __________
2. WRIGGLING __________
3. SIX __________
4. CAVE __________

6.

A	O	A
U		U
I	A	E

This grid will make words for:

1. UPWARDS ____________
2. DAGGER ____________
3. FISH ____________
4. CLAY ____________

7.

E	I	A
A		E
A	I	E

This grid will make words for:

1. PLACENTA __________
2. BONE __________
3. RIVER __________
4. INFLUENCE __________

8.

A	I	E
I		U
O	O	O

This grid will make words for:

1. GREED ______________
2. LOVE ______________
3. ENTOURAGE ______________
4. CONTAINER ______________

9.

E	Ā	I
E		E
O	I	I

This grid will make words for:

1. RECOIL __________
2. OFFSPRING __________
3. COMPLETE __________
4. TO THICKEN __________

10.

E	I	A
A		O
A	O	Ē

This grid will make words for:

1. NO ____________

2. DOWNWARDS ____________

3. WHAT ____________

4. FISHING LINE ____________

11.

In these puzzles you need to identify the missing letter in each word and put them in order, to spell a common word that will crack the code.

1. A __ A	RIVER
2. A R O __ A	LOVE
3. T __ N G I	FUNERAL; CRY
4. M A U __ I	LIFE FORCE
5. A N U H __	CATERPILLAR

1	2	3	4	5

ANSWER ____________________

12.

1. A __ A MĀRIE — GOOD MORNING

2. WH __ RE — HOUSE

3. R __ A — LONG

4. MOA __ A — SEA

5. MAUN __ A — MOUNTAIN

6. WHĀN __ U — FAMILY

1	2	3	4	5	6

ANSWER ______________________

13.

1. M __ N A	AUTHORITY
2. T A I H __ A	TO WAIT
3. R A U P A __ U	CONFISCATE
4. W A __ W A E	LEG
5. K __ U M Ā T U A	ELDER OR ELDERS
6. R A N G A T I __ A	LEADER
7. P __ T O	SHORT
8. T __ M A R I K I	CHILDREN

1	2	3	4	5	6	7	8

ANSWER ______________________________

14.

1. __ H Ā N G A I — FEED, ADOPT(ED)

2. __ Ā N G I — EARTH OVEN

3. T Ā N __ — MAN

4. A __ A — CAVE

5. T __ N U — COOK

6. W __ I A T A — SONG

1	2	3	4	5	6

ANSWER ____________________________

15.

1. _ A R A E	TO BE GENEROUS / COURTYARD IN FRONT OF WHARENUI
2. T _ P U	SACRED
3. M O _ I	MONEY
4. W H E N _ A	LAND
5. W _ A K A R O N G O	LISTEN
6. M _ H I	GREETING
7. W H A _ E N U I	MEETING HOUSE
8. I T _	SMALL

1	2	3	4	5	6	7	8

ANSWER ____________________

16.

1. W H A R E P A __ U	TOILET
2. H __ R O I	WASH
3. R O __ E	REGION
4. K A H __	STRENGTH

1	2	3	4

ANSWER ______________________________

17.

1. __HETŪ	STAR
2. KŌ__ANGA REO	MĀORI LANGUAGE PRESCHOOL
3. P__PA	GROUND
4. WA__A	CANOE
5. WH__EA	MOTHER
6. TU__UNA	ANCESTOR
7. T__MA	BOY
8. __UKE	HILL
9. H__KA	TO PERFORM HAKA

1	**2**	**3**	**4**	**5**	**6**	**7**	**8**	**9**

ANSWER ______________________

18.

1. I __ A	FISH
2. M __ N A W A	HEART
3. __ E R E	FLY
4. A T __	MORNING
5. H U __ A	HIDE
6. T A R I N __ A	EARS
7. R I N G __	HAND

1	2	3	4	5	6	7

ANSWER ______________________

19.

1. __A I — WATER

2. T A K __ — FALL OFF

3. H U __ — MEETING

4. K __ I T I A K I — GUARDIAN

5. T A M A I __ I — CHILD

6. K __ I — FOOD

1	2	3	4	5	6

ANSWER ______________________

20.

1. __ U K U	STOMACH
2. T A __ N G A	TREASURE
3. U T __	REVENGE, RESPONDING, REPLYING
4. W Ā H I __ E	WOMEN
5. W __ H I N E	WOMAN (note the difference?)
6. __ A H I	WORK
7. U M __	EARTH OVEN

1	2	3	4	5	6	7

ANSWER ______________________________

PERE HUARITE

RHYMING RIDDLES

Here's a nice, relaxed activity for you to do, e hoa mā! These riddles have some Māori words in them that have been specifically selected because they are used frequently during conversations in te reo Māori. Make sure you become familiar with these words as you work out the answer to each riddle. And as usual, have fun!

1.

A **kauri** so famous, people come from all around

To visit this tree and feel sacred ground

In Hokianga, Waipoua Forest to be exact

Who are we referring to as the starring act?

IT'S ______________________________

2.

A **whare mīere**, but not for bees

This is a place for people called MPs

The āhua of the building is a giveaway

It's a New Zealand landmark, so what do you say?

IT'S THE ______________________________

3.

There's a whāngote – that's a mammal

That feeds its young just like a camel

But this whāngote lives in the sea

Which playful creature could it be?

Opo was one, Pelorus Jack was too

I call it an **aihe**, what say you?

IT'S A ______________________________

4.

Is it a **tuatara** or an **arewhana**

That has taratara on its tuarā?

One has an ihu that is long

This one has a lifespan that is strong

IT IS OF COURSE A ______________________

5.

If I have a **pounamu** but it's not a greenstone

I'm referring to another meaning, so

What could it be if it's not a treasure?

Something you drink from after running for leisure

IT'S A ______________________________

6.

Speaking of **pounamu**, this wāhi is quite famous

Because of a drink that sits where a '**long ridge**' is

With tarata and mirumiru this delicious fizzy

Makes this small place always quite busy

IT'S ______________________________

7.

Te Wai Pounamu is different again

It's like the North Island, but the other end

Where Aoraki towers and Hine Takurua is strong

It's the land where Waitaha and Ngāi Tahu are from

IT'S ______________________________

8.

Ask me what is the best name for a town

And I'll tell you it's this one, hands down

'**Eat crayfish**' – now come on, what an absolute winner

If you can guess it, maybe that's what's for dinner

IT'S ______________________________

9.

Pekapeka is a place on the Kapiti Coast

And the name of a native, more endangered than most

Our only native land mammal, it uses echo-location

This **pekapeka** is tiny and likes hibernation

IT'S A ______________________________

10.

These whetū are called **Subaru** in Japan

Pleiades is another way to say it if you can

Here in Aotearoa we see nine whetū, not seven

Tātai arorangi tells us how to read the heavens

This special constellation marks the Māori new year

You know what it is, so write it right here:

IT'S ______________________

KUPU NANU

WORD MIX-UP

Whakatikahia te takoto o ēnei kupu, kia tika ai te noho, kia mārama ai te kupu. Put the letters from each word in the correct order so they make sense.

Me ngana kia kaua e titiro ki ngā tīwhiri! Try not to look at the clues!

Ngā huarākau
Fruits

ĀRIAN ______________________

NAPNAA ______________________

ARRUPHŪO ______________________

EPKEER ______________________

ROĀOP ______________________

PEŌRRE ______________________

RIEGMNE ______________________

MTATŌO ______________________

AIKUHWI ______________________

ĪTIITP ______________________

TĪWHIRI (CLUES)

Tomato, Kiwifruit, Peach, Orange, Melon, Apple, Banana (*maika* is another word for 'banana' but not the one used here), Grape, Strawberry, Avocado

Ngā huawhenua
Vegetables

AUNPAKE ______________________

KTĀROI ______________________

GAĀKN ______________________

AWIRĪ ______________________

ĪINP ______________________

ĒHTIIR ______________________

KMAOOKAM ______________________

RAOKIKMI ______________________

IARIHKĀK ______________________

INANAA ______________________

TĪWHIRI (CLUES)
Gherkin, Pumpkin, Carrot, Onion, Bean, Potato, Lettuce, Squash, Chilli, Corn

Ngā hākinakina
Sports

HURWŌUOTP ______________________

HAAHROPUŌ ______________________

HRWOITIAAPTI ______________________

THIPUOKOŪ ______________________

NOHIWPAA ______________________

TINEĒH ______________________

RKIĪ ______________________

IRIIKIKT ______________________

EKMEEKEM ______________________

EAKOHU ______________________

TĪWHIRI (CLUES)

Rugby League, Netball, Football/Soccer, Cricket, Swimming, Boxing, Rugby, Basketball, Golf (also known as haupōro), Tennis

Ngā rākau

Trees

KWIŌAH ______________________

ĀRTĀ ______________________

UKAIR ______________________

KAAAAWKW ______________________

RRIIPŪ ______________________

TUWHPAŌKAU ______________________

RŌATTA ______________________

ĪT ŌKUAK ______________________

ONAPG ______________________

ĪIKOTT ______________________

TĪWHIRI (CLUES)

All these trees are native to New Zealand, so many of the Māori names are the most commonly used, such as *pōhutukawa*.

Ngā manu
Birds

ĪWKPAIAAW ______________________

TĪŪ ______________________

KRETŌA ______________________

RUUR ______________________

UŌUKTK ______________________

HKAĒTA ______________________

KPKOEŪ ______________________

EERRKŪ ______________________

MKORAIOK ______________________

EAK ______________________

TĪWHIRI (CLUES)

Tūī – parson bird; Kea – mountain parrot: Kererū – NZ wood pigeon; Kōtare – kingfisher; Ruru – morepork, owl; Kōtuku – white heron; Takahē; Pūkeko – purple swamp hen; Pīwaiwaka – fantail (other names for the fantail include pīwakawaka, tīrairaka, tīwakawaka); Korimako – bellbird

Ngā wāhanga o te tinana
Parts of the body

OKWPIHIO ______________________

KKAĪ ______________________

RNAANGRGII ______________________

ATAKIMRA ______________________

UETK ______________________

AWEEWA ______________________

EPOH ______________________

NUTGU ______________________

URATĀ ______________________

UEKAA ______________________

TĪWHIRI (CLUES)
Hand, arms; Neck; Fingers, toes; Legs, foot; Lips; Back; Chin; Elbow; Shoulders; Hips

Ngā kararehe
Animals

UĪRK ______________________

RGUNE ______________________

KOPAA ______________________

UAK ______________________

OIŌHH ______________________

UIAHMPA ______________________

PĀIERT ______________________

RIAONA ______________________

IAKTA ______________________

ĪKAKRAO ______________________

TĪWHIRI (CLUES)

Cow, Lion, Horse, Pig, Rabbit, Tiger, Dog, Possum, Giraffe, Cat

Ngā kākahu
Clothes

ANTPOKIE ______________________

NTŌKEA ______________________

ARPKAO ______________________

TTEHĀĪ ______________________

ŪH ______________________

AŌTEP ______________________

TUARA ______________________

MOAUKHE ______________________

TUTAĀ ______________________

EMĀKTA ______________________

TĪWHIRI (CLUES)
Jersey, Socks, Skirt, Hat, T-shirt, Belt, Scarf, Pyjamas, Trousers, Shoes

Kei raro e putu ana

Ngā āhua
Shapes

WHTĀAPA EIRT ____________________

PAATRHĪOTO ____________________

OPOANTA ____________________

MIAATNA ____________________

HŪETW ____________________

TAATORPU ____________________

OIROPTAH ____________________

AKEP ____________________

AGĀKNU ____________________

TAMAARIP ____________________

TĪWHIRI (CLUES)

Circle, Heart, Star, Diamond, Hexagon, Pentagon, Oval, Triangle, Crescent, Square

Ngā aitanga pepeke
Insects

ŌR ______________________

PPAPAĀ ______________________

IPIAHGAERN ______________________

AOWKIAP ______________________

RANOG ______________________

AUNM ______________________

ĒWH ______________________

EUHAN ______________________

RRŪEHPAEU ______________________

EPPE ______________________

TĪWHIRI (CLUES)
Sandfly, Moth, Butterfly, Caterpillar, Dragonfly, Beetle, Cricket, Fly, Grub, Praying mantis

Ngā Whakautu
Answers

Kimi Kupu *Wordfinds*

Ngā Rā o te Wiki *Days of the Week*

I	V	D	Q	N	O	R	N	X	U	Y	Ā	F	M	R
O	R	Ā	P	A	R	E	Ā	G	G	T	K	R	Q	Ā
R	Q	R	T	I	A	Q	B	M	I	N	Ā	C	W	T
O	K	X	X	J	F	V	L	Y	E	A	J	Q	J	A
H	K	S	Ā	D	Ū	T	Ā	R	P	R	N	K	F	P
Ā	F	U	K	Z	S	R	F	A	V	Y	E	K	Q	U
R	E	L	V	Y	V	W	H	J	E	F	N	G	I	T
D	T	R	D	X	F	L	O	P	J	L	K	T	B	F
X	E	D	G	G	Z	O	T	S	Ū	U	J	I	D	M
D	N	G	J	B	F	Y	I	A	B	U	V	F	Y	R
O	Ā	V	L	I	P	P	N	F	V	M	T	Y	P	O
P	N	Z	L	C	B	I	H	D	D	V	F	E	X	I
R	K	X	L	E	H	Y	V	L	K	F	D	S	R	Q
N	Z	Ū	N	Ā	B	B	P	T	L	L	W	L	Q	E
J	M	O	R	K	P	M	G	Ū	R	X	M	V	W	X

RĀHINA	MONDAY
RĀTŪ	TUESDAY
RĀAPA	WEDNESDAY
RĀPARE	THURSDAY
RĀMERE	FRIDAY
RĀHOROI	SATURDAY
RĀTAPU	SUNDAY

Ngā Nama *Numbers*

V	B	B	N	L	A	R	S	W	G	F	U	T	P	Y
T	G	G	S	W	K	U	Z	D	D	L	E	J	Y	G
E	Ā	F	I	J	B	A	Y	C	G	K	U	Ā	I	Z
K	M	K	F	V	D	T	P	E	A	Ā	T	L	H	K
A	A	D	E	S	F	E	T	U	H	G	I	T	I	W
U	Z	E	F	T	C	K	D	O	D	R	H	R	R	Q
M	B	G	U	V	A	A	O	R	R	C	W	Ā	U	K
Ā	F	S	D	I	R	U	T	I	E	U	K	X	A	Y
W	X	C	O	U	T	M	R	M	F	E	C	G	T	E
H	H	N	A	N	U	Ā	V	A	T	W	V	K	E	V
I	V	A	H	R	O	R	J	V	A	X	G	Q	K	U
T	I	L	H	Y	N	I	N	R	S	C	T	O	A	T
U	H	L	G	B	O	M	U	D	D	M	X	N	U	S
T	A	H	I	N	U	A	K	E	T	U	R	O	T	X
Z	C	C	K	L	L	G	U	Y	D	T	Q	L	R	I

TAHI	ONE
RUA	TWO
TORU	THREE
WHĀ	FOUR
RIMA	FIVE
ONO	SIX
WHITU	SEVEN
WARU	EIGHT
IWA	NINE
TEKAU	TEN
TEKAU MĀ WHITU	SEVENTEEN
RUA TEKAU	TWENTY
RUA TEKAU MĀ RIMA	TWENTY-FIVE
TORU TEKAU	THIRTY

Mōkai *Pets*

Q	C	A	O	K	H	Ō	D	S	U	H	Ō	A	M	I
V	M	A	K	Ā	K	Ā	Q	E	V	R	O	S	A	H
N	A	H	S	U	X	Z	E	B	Z	C	E	N	N	U
B	D	E	T	M	Q	I	T	E	P	Ā	R	G	U	A
K	Ā	A	L	F	B	O	X	P	U	C	O	B	N	M
M	F	I	X	O	E	X	I	S	Q	S	B	O	E	Z
T	H	X	K	Z	R	A	W	Ā	V	O	Ā	Y	S	N
S	L	T	I	Y	Z	I	C	C	G	P	Q	U	N	B
S	P	K	G	M	T	U	C	Ē	J	E	D	K	O	Z
E	A	M	Ī	Ī	E	K	N	G	H	J	A	U	T	A
D	H	R	B	F	O	N	F	H	Ō	I	H	O	Z	C
F	U	N	V	T	E	C	W	P	Z	A	S	N	R	V
K	P	C	W	Ō	S	E	V	P	F	B	Y	A	V	P
K	N	T	Y	I	H	H	Y	Q	Q	S	Q	V	L	I
A	N	F	S	Ā	K	D	K	V	N	L	S	J	R	C

HŌIHO	HORSE
HONU	TURTLE
IKA	FISH
KĀKĀ	PARROT
KURĪ	DOG
MANU	BIRD
MAUHI	MOUSE
NGERU	CAT
RĀPETI	RABBIT

Tūpou *Personal Pronouns*

T	O	J	E	P	L	P	E	T	U	R	B	J	T	F
X	Ā	L	Ī	R	I	H	N	W	O	Y	Z	Ā	S	N
B	M	T	K	R	J	U	Q	Z	T	Y	U	H	E	A
S	X	S	O	M	Ā	T	O	U	U	A	S	T	U	V
E	Ī	A	K	U	H	X	N	Q	O	F	P	C	B	Q
J	Z	D	O	L	O	L	S	X	K	M	U	G	S	B
G	Q	T	S	G	W	F	W	K	B	H	Ā	W	X	B
D	U	W	U	C	E	E	D	P	U	A	H	A	T	N
K	H	L	M	T	Z	O	R	P	A	H	B	X	Y	N
Z	O	U	P	H	M	D	A	N	S	U	R	E	X	J
R	O	T	X	Z	D	U	R	L	T	V	Ā	A	Q	S
Q	Q	U	L	G	R	Q	M	R	S	P	J	M	O	I
Q	X	Y	Y	Ō	Q	P	E	Ā	G	K	M	S	Y	A
J	V	K	K	N	R	X	O	U	M	S	C	Y	X	Y
Y	W	W	K	B	M	Ō	K	A	W	I	Y	K	Q	D

AHAU	I, ME
KOE	YOU
KŌRUA	YOU (TWO)
IA	HIM, HER
KOUTOU	YOU (3 OR MORE, EXCLD. SPEAKER)
MĀTOU	US (3 OR MORE, EXCLD. LISTENER)
MĀUA	US (TWO, EXCLD. LISTENER)
RĀUA	THEM, THEY (TWO)
TĀTOU	US (3 OR MORE, INCLD. LISTENER)
TĀUA	US (YOU AND I)

Te Whānau *Family Terms*

B	I	S	N	I	B	K	I	A	K	A	H	M	N	Ē
X	V	R	F	G	O	N	N	K	E	U	R	T	S	B
L	S	M	Ā	R	E	A	C	A	I	V	I	U	M	X
L	J	Z	O	M	K	Z	H	S	A	R	P	A	Q	S
H	E	U	B	A	U	W	N	A	G	I	A	G	I	E
E	A	N	U	I	L	T	V	U	F	Ō	I	M	Z	T
B	M	T	Ā	R	G	B	U	T	E	I	N	A	A	Q
E	A	X	K	T	S	N	V	Ā	G	M	L	M	E	T
X	G	R	D	N	U	G	Z	M	V	Ā	J	T	N	I
I	K	I	T	Ō	P	A	G	V	R	T	C	Y	I	A
T	U	A	H	I	N	E	H	S	U	Ā	O	T	H	N
F	G	I	B	U	F	M	A	I	H	M	L	H	A	U
O	Ā	A	V	Ā	P	C	Ō	D	G	U	X	R	W	K
Q	D	Z	S	H	V	M	S	A	X	A	S	Y	U	V
X	I	Ī	Z	G	N	Q	Y	S	C	F	Ī	H	A	K

AUTĀNE	BROTHER-IN-LAW (OF FEMALE)
AUWAHINE	SISTER-IN-LAW (OF MALE)
IRĀMUTU	NIECE/NEPHEW
KOROUA	GRANDFATHER
KUIA	GRANDMOTHER
MĀTĀMUA	OLDEST CHILD
MĀTUA	PARENTS
PŌTIKI	YOUNGEST CHILD
TAMARIKI	CHILDREN
TEINA	YOUNGER SIBLING (OF THE SAME GENDER)
TUAHINE	SISTER (OF MALE)
TUAKANA	OLDEST SIBLING (OF THE SAME GENDER)

He Whakahau *Basic Commands*

T	X	F	Z	E	Q	Ē	K	O	Z	O	Ō	F	P	V
A	O	B	M	Y	G	I	R	Ō	B	J	Q	D	X	F
I	A	F	L	J	A	I	G	B	F	I	R	I	J	U
H	H	I	P	T	T	G	H	O	I	H	O	I	T	K
O	A	Y	A	I	K	W	N	H	U	R	I	A	K	Ā
A	K	U	T	O	Q	E	S	A	U	Q	O	D	C	T
P	A	E	R	E	A	H	U	Ē	R	H	K	R	B	I
I	I	G	U	G	O	G	N	O	R	A	K	A	H	W
A	K	F	T	Z	Z	Q	M	I	Y	Z	M	V	U	L
M	F	P	U	A	I	W	E	B	X	C	S	A	M	A
O	E	I	H	Ā	K	H	K	U	E	L	O	T	D	A
H	J	W	A	P	P	O	H	J	K	Ā	V	T	N	S
P	Ā	X	H	T	B	I	T	Q	N	G	P	L	C	Y
H	K	N	Y	S	Ā	X	W	O	S	M	U	V	A	V
W	J	I	M	P	K	P	U	P	Ā	C	B	B	A	D

HAERE	GO
HOATU	GIVE (AWAY)
HOIHOI	BE QUIET
HOMAI	GIVE (TOWARDS)
HURI	TURN, CHANGE
KĀTI	STOP
KAUA	DON'T
KIA KAHA	BE STRONG
KIA TAU	SETTLE DOWN
MARANGA	GET UP
PĀTAI	ASK, QUESTION
TAIHOA	WAIT
TAKOTO	LIE DOWN
TITIRO	LOOK
WHAKARONGO	LISTEN

Kupu Rongonui *Well-known Words*

A	K	I	M	Q	V	Z	I	K	I	A	O	R	A	T
F	G	Ō	W	N	E	A	E	Ē	L	R	H	Ī	E	A
I	B	N	R	I	M	Ū	R	V	G	I	A	G	K	I
A	O	V	A	E	A	H	O	R	A	T	P	N	T	H
S	E	K	R	H	R	C	L	D	I	A	Ū	A	G	O
Ā	G	E	Ī	C	I	O	L	G	M	G	O	H	N	A
S	A	F	Y	H	Q	G	N	A	W	N	G	L	T	C
H	M	A	R	A	E	O	N	H	G	A	H	H	J	Z
P	R	N	W	G	H	A	D	A	A	R	B	K	G	L
M	O	Z	J	U	O	N	G	S	T	K	M	I	U	H
W	F	A	V	N	G	O	J	I	Y	E	A	H	Q	W
B	S	J	E	A	C	Y	Ē	S	J	W	O	P	Ū	X
A	G	N	A	T	I	K	A	A	N	A	M	N	S	B
I	F	Y	O	R	V	O	S	G	E	M	I	R	I	D
F	Q	X	F	Ā	B	Y	F	S	M	W	J	S	J	Ū

AROHA	LOVE
HAERE MAI	COME HERE
HAKA	HAKA
HONGI	TRADITIONAL GREETING
HAPŪ	SUB-TRIBE
HĪKOI	WALK
KAI	FOOD
HUI	MEETING, GATHERING
IWI	TRIBE
MANA	AUTHORITY, POWER, PRESTIGE
KIA ORA	HELLO, THANK YOU
KŌRERO	SPEAK, TALK
RANGATIRA	CHIEF
MANAAKITANGA	HOSPITALITY
MARAE	MARAE
TAONGA	TREASURE
TAIHOA	WAIT
TANGIHANGA	FUNERAL

Parakuihi *Breakfast*

R	M	P	Ī	J	D	C	W	Q	E	P	E	E	G	C
K	Y	K	Ū	D	A	U	A	C	L	E	R	D	S	T
U	A	V	W	K	Ū	F	I	E	T	E	Q	H	I	U
M	T	W	I	E	Ā	K	Ā	A	Ī	J	V	H	G	W
A	V	I	H	R	C	K	R	M	X	R	I	S	A	M
I	M	Y	X	E	Z	B	A	L	G	U	Y	I	O	Z
T	P	Ō	G	R	Ā	L	N	N	K	M	Ā	I	K	Ā
B	H	X	Z	A	Z	L	I	A	O	P	C	O	W	H
T	Ī	M	E	G	N	Ā	R	N	O	V	V	L	I	W
Ō	O	Y	C	N	H	A	R	R	P	J	A	Y	M	D
H	Y	Z	J	Ā	P	Z	O	A	F	U	Ē	C	A	R
I	K	Y	L	K	J	B	U	T	R	F	Q	E	I	D
O	T	G	E	X	Ā	M	H	G	L	O	Ā	E	K	N
W	I	T	I	P	I	K	I	I	O	R	K	Z	A	O
V	I	N	E	R	E	R	A	U	P	M	Q	Ū	I	T

KĀNGARERE	CORNFLAKES
KAWHE	COFFEE
KORARĀ	MILO
MAIKA	BANANA
MĪERE	HONEY
PARAKUIHI	BREAKFAST
PUARERE	RICE BUBBLES
PŪKĀKANO	CEREAL
TIAMU	JAM
TŌHI	TOAST
WAIĀPORO	APPLE JUICE
WAIĀRANI	ORANGE JUICE
WITIPIKI	WEET-BIX

Te Kāinga *The Home*

N	I	P	S	O	Z	B	F	W	M	A	Ā	P	A	C
H	O	C	P	A	A	S	W	X	O	O	X	Ī	T	B
H	N	Y	H	I	Z	T	F	X	E	A	Y	Z	U	A
R	Ā	A	F	J	K	R	Ā	X	N	T	H	E	A	X
S	Ū	N	T	X	Q	F	O	M	G	Q	M	N	T	Ā
K	Y	M	E	X	O	A	B	N	A	B	U	O	U	V
B	B	G	A	A	M	O	Q	K	Z	K	C	X	I	K
Z	O	Y	E	A	N	Z	Ī	Q	J	D	A	E	O	Ō
F	I	N	M	Ō	Y	E	F	N	N	A	K	U	R	M
L	W	U	Ā	T	Ō	S	A	B	T	Ī	H	F	O	E
C	O	F	Ō	U	X	Z	K	A	H	R	Y	C	H	P
R	M	A	T	A	P	I	H	I	U	N	A	U	T	A
K	I	I	F	H	H	W	N	P	U	O	T	O	U	A
G	D	H	N	A	L	I	A	P	G	N	P	S	S	B
A	T	A	A	K	A	H	W	A	K	A	U	O	P	N

HĀNEANEA	SOFA, COUCH
HAUTŌ	DRAWER
HOROI UTAUTA	WASH DISHES
KĪHINI	KITCHEN
KŪAHA	DOOR
MATAPIHI	WINDOW
MOENGA	BED
POUAKA MĀTAO	FRIDGE
POUAKA WHAKAATA	TV
PUOTO	SINK
ROUMAMAO	REMOTE CONTROL
RŪMA	ROOM
TUANUI	ROOF
WHATA	WARDROBE

Wāhanga Tinana *Body Parts*

C	L	C	T	Z	X	O	Y	P	I	R	V	Q	V	U
W	P	S	V	W	V	T	M	D	F	T	E	M	K	W
N	G	Ō	M	A	S	W	E	X	O	S	J	O	R	K
U	T	Z	B	E	T	A	Y	S	Q	Z	H	M	M	A
B	H	J	T	W	U	A	H	X	A	O	U	E	F	K
O	M	J	Y	A	H	U	R	U	P	X	F	Z	R	Ī
V	R	E	K	E	R	E	K	E	A	T	G	Ā	S	W
F	V	O	P	A	L	I	M	Ī	R	Z	L	G	Ē	E
V	N	Ā	K	A	J	X	N	D	A	O	U	N	X	C
I	W	I	H	O	K	O	P	G	P	Y	V	X	R	Q
R	I	N	G	A	R	I	N	G	A	N	K	A	T	F
V	H	Ū	N	Q	Y	O	P	P	R	J	E	O	N	U
B	E	O	F	E	U	U	K	U	P	M	W	R	C	H
O	H	Z	Ī	F	D	F	A	P	V	Q	N	U	N	I
I	M	E	N	I	H	O	X	S	A	B	F	H	A	V

ARERO	TONGUE
HOPE	HIP
IHU	NOSE
KAKĪ	NECK
KANOHI	FACE
KARU	EYES
KAUAE	CHIN
KOROKORO	THROAT
NIHO	TEETH
POKOHIWI	SHOULDER
PUKU	STOMACH
RAE	FOREHEAD
RAPARAPA	ANKLE
REKEREKE	HEEL
RINGARINGA	HANDS
TARINGA	EAR
WAEWAE	LEG, FOOT

Kai *Food*

E	H	I	Ō	F	O	I	N	O	F	P	G	H	A	A
T	D	U	T	D	K	R	Ī	O	C	A	U	X	B	H
U	C	I	A	Z	O	Z	H	U	R	A	M	P	P	S
P	V	Ī	H	R	Z	C	X	J	W	C	E	M	T	B
M	A	H	D	I	Ā	I	I	H	U	P	Q	D	L	D
R	R	X	O	K	G	K	E	R	A	R	O	K	K	Ā
K	Ā	N	G	A	U	N	A	H	S	R	E	A	L	U
S	N	N	H	M	U	G	E	U	I	F	H	Y	K	R
U	N	A	R	A	K	A	Ū	H	H	E	M	Ā	T	A
Y	E	T	O	T	M	F	W	Q	E	E	H	A	B	O
A	U	G	K	A	R	O	T	I	F	H	M	R	S	H
Ī	X	F	M	Ī	T	I	Ō	M	V	Q	O	I	V	L
A	Q	K	W	B	K	A	T	L	F	L	J	R	T	R
U	K	A	J	Z	Y	D	P	A	Y	K	W	V	O	A
W	I	F	R	K	Ā	R	O	T	I	K	P	D	I	K

HEIHEI	CHICKEN
HUARĀKAU	FRUIT SALAD
HUAWHENUA	VEGETABLE
IKAMATA	RAW FISH
KĀNGA	CORN
KĀROTI	CARROT
KORARE	SILVERBEET
KOROHEHENGI	STEAM
MĪTI	MEAT
PATA	BUTTER
PEPA	PEPPER
POAKA	PORK (PIG)
TOWHIRO	DESSERT
RĪWAI	POTATO
TOTE	SALT

Taputapu Horoi *Cleaning Products*

R	B	O	I	H	T	M	Z	O	R	E	U	T	A	P
E	D	Q	L	K	A	L	Y	Z	O	I	Z	T	X	A
H	N	P	T	N	I	E	X	L	U	M	I	U	T	R
U	B	Y	S	M	T	R	I	K	R	K	P	I	C	E
M	P	O	G	N	A	R	U	T	A	P	Y	N	I	U
A	A	J	I	K	I	O	L	T	U	K	G	I	U	M
T	C	U	O	H	I	R	I	K	A	P	O	K	K	U
Ū	Y	I	W	U	C	K	A	U	N	M	B	U	Ū	M
R	M	Ā	N	G	U	H	O	U	G	D	U	A	A	W
I	T	A	B	T	E	R	S	T	I	N	B	H	P	Z
K	F	H	A	K	O	M	K	B	A	D	D	Z	E	Y
I	C	P	E	B	W	N	W	V	N	K	U	L	P	R
F	J	T	Q	V	P	Y	W	J	G	O	A	O	Z	O
N	U	J	O	W	V	A	F	K	I	Z	N	H	D	S
A	E	W	Q	W	A	R	D	S	R	G	E	Q	W	Y

HAUKINI	AMMONIA
KAUORO	SCRUBBING BRUSH
KOPA KIRIHOU	PLASTIC BAGS
PAREUMU	OVEN CLOTH
PATUERO	ANTISEPTIC
PATU KITAKITA	DISINFECTANT
PATU RANGO	FLY SPRAY
PEPA ŪKUI	PAPER TOWELS
PUKA HEKETUA	TOILET PAPER
RAUANGIANGI	TISSUE PAPER
REHU MATŪRIKI	AEROSOL
TAITAI	DISHWASHING BRUSH
TĀWHIRI	AIR FRESHENER
WHAKATOKI	BLEACH

Taputapu Whakatāupe *Personal Vanities*

Ā	M	R	F	R	K	G	G	W	P	K	G	Z	W	E
T	K	C	E	A	A	U	V	U	W	Y	Y	K	C	M
O	W	Ā	R	H	L	U	R	U	J	R	S	J	S	Q
H	H	A	K	L	U	U	T	E	K	E	R	Ū	P	J
F	H	I	X	Ī	T	M	W	A	O	H	D	H	P	N
Ā	K	R	N	A	T	A	A	J	N	C	I	U	O	N
L	L	V	I	Ē	K	E	L	K	M	G	K	K	H	B
N	D	A	S	A	P	L	R	R	A	B	I	A	I	K
K	W	Z	M	S	R	X	X	A	A	W	W	M	N	K
A	L	A	G	O	U	G	N	U	P	C	E	A	I	U
U	I	P	A	N	I	N	G	U	T	U	U	K	A	K
P	A	T	U	M	Ō	R	Ū	R	U	R	U	A	T	U
T	F	J	G	T	H	G	R	R	K	Q	O	W	I	W
E	N	I	H	A	W	E	P	O	K	X	D	E	A	E
I	Z	L	J	H	I	E	H	Q	L	M	M	X	T	U

HUKA MAKAWE	HAIR MOUSSE
KARAHĀ	MOUTH FRESHENER
KOPE WAHINE	SANITARY PAD
KUKUWEU	TWEEZERS
PANI NGUTU	LIPSTICK
PARE TĪKĀKĀ	SUNBLOCK
PATU MŌRŪRURU	ANTIPERSPIRANT, DEODORANT
PĒNIHO	TOOTHPASTE
PIA MAKAWE	HAIR GEL
PŪREKE	OINTMENT
PURU TAIAWA	TAMPON
RAUTANGI	PERFUME
REHU MAKAWE	HAIRSPRAY
TAITAI NIHO	TOOTHBRUSH

Hākinakina *Sports*

O	I	W	T	K	O	Ū	A	A	R	K	T	H	I	M
K	K	P	H	R	A	R	T	I	U	U	A	U	M	A
A	O	A	Ō	A	A	R	N	U	K	T	N	H	U	H
I	A	P	A	H	K	G	U	U	A	Ā	A	R	O	E
T	W	U	W	K	A	A	M	M	H	H	Ā	U	I	R
Ā	A	Ā	P	R	A	Ā	P	W	Ā	P	I	R	A	E
K	W	T	A	U	T	H	A	U	U	T	I	A	N	T
A	I	P	A	Ā	A	G	W	A	R	R	A	E	K	Ā
R	A	P	T	U	N	T	H	I	A	U	M	K	O	K
O	K	A	P	I	R	O	Ā	O	A	Ā	W	T	I	A
E	H	C	R	A	N	A	H	W	H	K	G	A	W	R
I	T	I	P	I	T	I	P	A	R	A	K	N	H	O
W	H	I	R	I	N	G	A	W	H	Ā	I	T	I	A
W	H	I	R	I	N	G	A	T	O	A	A	O	T	H
E	H	E	R	A	G	N	I	R	T	Ā	K	A	R	O

AUTAUA	COMMENTATOR
HĀMENE	PENALTY
HAUPĀRUA	DRAW
KAIHAUTŪ	CAPTAIN
HOARIRI	OPPOSITION, OPPONENT
KAHO	CROSSBAR
KAIWHAKAAKO	COACH
KAITĀKARO	PLAYER
KAIWAWAO	REFEREE
MAHERE TĀKARO	GAME PLAN
KARAPITIPITI	GRANDSTAND
KARUMĀTAKI	SPECTATOR
PŌRO	BALL
RINGARAPA	AMATEUR
PIRO	TRY
TĀKARO	GAME, MATCH
TATAU	SCORE
RINGAREHE	PROFESSIONAL
TUKU MĀTĀTAHI	TIEBREAKER
WĀ TAUPUA	TIME OUT
TOA	WIN, WINNER
WHAKAPURU WAHA	MOUTHGUARD
WHANA	KICK
WĀ WHARA	INJURY TIME
WHIRINGA WHĀITI	SEMI-FINAL
WHIRINGA WHĀNUI	QUARTER-FINAL
WHIRINGA TOA	FINAL

Wāhanga Tinana 2 *Body Parts 2*

W	B	B	L	T	N	I	X	S	Q	Y	H	F	M	R
E	H	I	I	R	W	Q	Ā	O	V	A	T	C	C	A
A	B	E	K	D	G	H	T	O	Z	F	O	Q	G	P
U	Q	T	U	O	W	J	U	J	C	G	V	D	P	A
A	P	A	R	A	P	A	R	Ī	R	B	P	D	O	R
K	O	E	U	W	N	O	I	O	H	E	R	E	I	A
A	K	T	U	K	E	G	P	W	E	Ī	M	P	T	P
I	O	A	I	B	U	H	O	P	S	K	A	I	Ā	A
C	H	N	H	K	T	P	N	H	T	Z	K	G	H	C
T	I	O	P	U	N	G	A	D	E	I	Ū	Y	E	J
T	W	N	A	Y	K	T	M	U	N	V	H	I	I	A
I	I	R	E	K	U	A	S	I	M	Y	Ā	Q	M	N
U	Ā	G	Q	T	Y	A	K	H	L	C	W	T	H	H
V	A	A	P	G	J	G	M	Ī	D	G	E	H	G	P
D	T	U	A	I	W	I	K	L	I	I	K	B	U	F

ATEATE	CALF MUSCLE
IOHERE	TENDON
KAKĪ	NECK
KAUAE	JAW
KŪHĀ	GROIN
POKOHIWI	SHOULDER
POPOKI	KNEECAP
RAPARAPA	ANKLE
RĪRAPA	HAMSTRING
TĀHEI	COLLARBONE
TIKI	LOWER BACK
TUAIWI	DISCS IN BACK
TUARĀ	BACK
TUKE	ELBOW
TURIPONA	KNEE JOINT
TUTA	BACK OF NECK
UA WHĀ	QUADRICEPS

Wharanga *Injuries*

A	Y	Z	T	L	J	T	P	P	Z	Y	C	E	H	Q
M	A	R	Ū	I	S	E	M	N	N	Q	A	Q	N	J
Q	F	C	Ā	J	Z	H	M	C	A	H	P	T	M	A
B	V	N	K	G	I	Ā	T	U	E	Z	A	Ā	H	K
K	G	M	I	D	G	Z	U	A	K	N	R	Ī	F	V
F	E	Y	R	T	G	N	H	F	K	U	U	J	L	M
X	M	S	I	Y	U	Ī	P	X	Z	O	A	A	K	O
A	V	O	T	O	T	Ū	I	J	R	K	K	H	A	U
C	R	X	K	Ā	W	N	J	O	A	O	Z	I	A	R
J	N	A	R	M	N	N	T	I	N	K	T	R	H	B
E	H	W	H	N	O	Ū	R	D	Ē	A	Ā	Y	H	U
S	Y	O	K	W	K	X	Z	S	Q	H	T	Q	V	H
T	F	T	X	A	Ā	H	J	O	W	E	D	I	N	Y
E	P	V	R	C	P	S	W	H	X	M	O	Ō	M	V
R	I	T	A	H	W	Ī	G	X	H	Q	Z	Z	J	T

HAKOKO	CRAMP (IN GENERAL)
HĀRAU	GRAZE
HAUKUME	PULL
KAURAPA	CRAMP (IN LEG ONLY)
KOUNU	DISLOCATE
KŪTORO	STRETCHED
MARŪ	BRUISE
RIAKA	STRAINED
TAKOKI	TWIST
TANOI	SPRAIN
TĪHAEHAE	TEAR
TOTO	BLOOD
TŪĀKIRI	WOUNDED (IN FIGHT OR BATTLE)
WHARA	INJURY, INJURED
WHATI	BREAK (OF BONE)

Ika *Fish*

P	M	K	Ō	U	R	A	U	R	A	I	M	G	C	N
T	Z	Ā	D	I	A	T	I	A	W	A	R	U	Ō	K
A	I	P	T	E	P	K	Ā	U	N	G	A	N	P	N
U	A	H	I	A	P	G	A	G	Q	N	H	W	H	W
V	W	U	P	M	I	E	Ō	O	R	O	R	A	M	H
H	Ē	A	H	K	A	T	R	H	M	T	T	K	O	E
Z	K	T	I	N	A	N	A	E	A	E	Ā	A	K	K
A	O	T	P	N	I	K	G	I	P	K	M	P	O	E
C	Ā	A	I	I	I	H	N	Ō	J	E	U	Ā	P	I
P	D	W	R	K	N	A	A	M	P	K	R	P	U	Ā
T	H	F	Ō	I	F	W	T	N	B	A	E	Ū	A	R
A	I	O	H	Ō	T	A	A	Ū	U	T	R	H	K	O
L	K	O	N	T	U	U	G	N	K	A	T	E	Ē	H
I	U	I	B	Ā	F	N	R	A	I	H	E	Y	H	O
J	C	N	P	K	I	K	O	U	H	K	V	M	W	T

AIHE	DOLPHIN
HAKU	KINGFISH
HAWA	VENTRAL FIN
HIKU	TAIL
HŌRIPI	FILLET
KIKO	FLESH
KĀUNGA	HERMIT CRAB
KĒWAI	FRESHWATER CRAYFISH
KŌURA WAITAI	CRAYFISH
KINA	SEA EGG, SEA URCHIN
KŌURAURA	SHRIMP
MANGŌPARE	HAMMERHEAD SHARK
KŪREPEREPE	JELLYFISH
KŪTAI	MUSSEL
MĀTAITAI	SHELLFISH
MANGŌ TANIWHA	GREAT WHITE SHARK
MARORO	FLYING FISH
PAIHAU	WING FIN
NGŪ	SQUID
NIHO	TEETH
PĀTIKI	FLOUNDER
PĀPAKA	CRAB
TAKEKETONGA	MARLIN
TAMURE	SNAPPER
PĀUA	ABALONE
TIO	OYSTER
TOHORĀ	WHALE
TINANA	BODY
UNAHI	SCALE
UPOKO	HEAD
TŌIKI	TIGER SHARK
WHĒKAU	GUTS
WHEKE	OCTOPUS
URUTIRA	DORSAL FIN

Mahi-ā-Rehia *Leisure Activities*

Q	D	A	O	T	Ā	T	Ā	M	I	H	A	M	R	V
M	N	E	K	E	N	E	K	E	N	Ō	K	B	D	P
R	P	Ā	N	U	I	P	U	K	A	P	U	K	A	X
A	U	N	E	H	W	A	H	A	N	U	A	T	X	C
N	M	E	Ī	Ī	Q	W	T	I	O	N	B	A	T	R
I	Z	I	U	K	U	Ā	T	T	Ū	I	N	W	U	W
K	K	Y	S	O	M	C	O	I	A	Ī	N	K	G	G
A	K	O	T	I	K	I	P	K	U	Y	U	R	A	W
N	A	H	H	N	G	U	N	I	O	M	P	E	O	P
I	N	A	S	G	K	F	T	P	O	H	O	Ē	H	L
K	I	P	I	A	K	E	R	A	H	W	O	R	O	T
Ā	K	E	P	H	J	K	N	T	R	Z	G	K	R	T
H	A	U	Q	E	V	A	K	I	Q	E	Y	W	O	Q
G	N	H	Ō	R	T	M	D	E	S	M	R	W	T	H
A	I	Z	X	E	B	S	P	P	M	L	J	E	Ē	J

HĀKINAKINA	SPORTS
HĪ IKA	FISHING
HĪKOI NGAHERE	BUSHWALKING, TRAMPING
HOKOHOKO	SHOPPING
HŌPUNI	CAMPING
KANIKANI	DANCING
KŌNEKENEKE	ROLLERBLADING
KUTARERE	SCOOTER RIDING
MAHI MĀTĀTOA	ADVENTURE
PĀNUI PUKAPUKA	READING
PEITA PIKITIA	PAINTING
PIKI TOKA	ROCK CLIMBING
RUKU MOANA	DIVING
TAUNAHA WHENUA	TRAVELLING
TORO HOA	VISITING FRIENDS
TORO WHAREKAI	EATING OUT

Āhuatanga Tangata *Personal Descriptions*

K	Ō	R	A	K	O	R	A	K	O	T	R	B	M	Q
A	Q	U	O	V	O	J	Y	O	I	L	D	U	R	V
R	J	A	R	V	Z	T	L	M	T	Q	Y	K	Y	Y
U	I	X	E	T	Ā	R	O	A	R	O	A	K	B	A
P	P	I	H	T	T	A	K	K	I	R	P	Ā	X	U
Ā	K	J	W	O	I	I	I	R	U	M	T	K	G	U
K	L	Y	U	Z	E	R	R	K	J	Y	M	A	K	R
Ā	A	I	G	N	I	M	I	G	N	I	M	P	A	U
K	E	Q	A	P	A	K	P	K	F	D	E	U	N	K
Ā	Q	L	A	K	O	R	Ā	K	O	R	A	R	O	E
S	H	N	D	R	T	U	K	E	M	A	T	A	H	H
Y	G	K	A	R	U	K	Ā	K	Ā	R	I	K	I	U
O	N	N	F	A	K	A	K	O	R	O	T	A	O	K
J	G	G	W	C	M	N	Ā	M	F	L	C	Q	K	F
I	Y	A	O	G	N	A	P	D	R	Z	E	I	R	A

IRA	MOLE
KAMO	EYELASHES
KANOHI	FACE
KARU KĀKĀRIKI	GREEN EYES
KARU KIKORANGI	BLUE EYES
KARU PĀKĀKĀ	BROWN EYES
KIRIPĀKĀKĀ	BROWN SKIN
KIRIPANGO	DARK SKIN
KIRITEA	PALE SKIN
KŌRAKORAKO	WHITE, FRECKLED SKIN
MINGIMINGI	CURLY
PANGO (MAKAWE)	BRUNETTE, DARK HAIR
POTO	SHORT
TĀROAROA	TALL
TOROKAKA (MAKAWE)	STRAIGHT (HAIR)
TUKEMATA	EYEBROWS
URUKEHU	BLONDE
WHERO (MAKAWE)	RED HAIR

Ngā Momo Iwi *Ethnicities*

U	Y	Ō	Q	K	A	I	T	J	A	H	Ē	N	A	P
E	G	R	K	N	O	I	U	N	F	X	S	Ā	Z	I
S	J	N	A	P	A	T	A	X	V	Y	H	H	A	R
Ā	M	I	A	M	Z	K	I	X	H	Ā	S	E	N	I
W	N	S	A	M	I	T	B	M	K	E	I	K	A	P
I	C	N	Ī	R	U	F	D	F	A	D	W	Ā	M	Ā
I	I	H	E	Q	M	G	E	T	R	N	M	P	A	N
Z	W	M	H	A	P	A	N	I	H	I	A	R	N	I
U	A	I	Ō	R	H	G	X	A	I	H	Ā	A	I	O
A	P	R	U	A	X	N	Z	W	M	R	T	A	A	R
R	I	A	N	A	I	R	I	E	R	E	T	I	H	A
Ū	C	R	T	P	T	K	I	R	I	K	I	R	Y	P
H	G	N	I	D	H	O	J	W	Ī	W	Ī	Ā	W	P
I	S	J	L	H	S	Z	W	I	I	D	X	T	O	J
A	L	S	S	S	I	R	O	Ā	M	W	N	Ī	B	V

ĀHIA	ASIAN
AHITEREIRIANA	AUSTRALIAN
AIRIHI	IRISH
AMERIKANA	AMERICAN
HAINAMANA	CHINESE
HAPANIHI	JAPANESE
INIANA	INDIAN
ĪTĀRIA	ITALIAN
KIRIKI	GREEK
KOTIMANA	SCOT
MANGUMANGU	BLACK AFRICAN, BLACK AMERICAN
MĀORI	MĀORI
PĀKEHĀ	NZ/EUROPEAN
PĀNIORA	SPANISH
RŪHIA	RUSSIAN
TAUIWI	FOREIGNER
TIAMANI	GERMAN
WĪWĪ	FRENCH

Mahi *Professions*

K	R	T	Q	E	I	Y	N	J	K	S	Z	D	A	E
A	I	Ā	X	R	G	H	O	A	T	P	F	J	R	I
I	N	K	U	A	K	A	I	K	A	U	T	E	A	H
W	G	U	V	H	U	H	E	K	O	B	A	Ē	P	U
H	A	T	P	W	O	Ō	K	Ē	A	H	N	C	I	T
A	T	A	E	A	X	I	T	A	A	P	I	S	A	A
K	O	G	H	G	V	I	H	K	I	Y	I	A	K	G
A	I	O	V	N	T	J	A	Ē	Ī	A	T	A	K	N
P	A	Ā	U	A	T	H	F	W	N	A	K	U	K	I
Ā	R	O	A	H	W	A	G	N	I	R	N	O	B	R
H	A	K	A	I	T	Ō	R	A	N	G	A	P	Ū	G
Ō	H	Q	A	A	Z	A	W	I	S	J	F	T	N	W
D	V	K	X	K	J	I	U	R	O	Ū	P	I	A	K
H	T	U	M	U	A	K	I	A	X	W	M	L	V	U
T	Z	M	D	K	W	Ā	N	G	A	H	Z	H	F	J

ĒTITA	EDITOR
KAIAKO	TEACHER
KAIHANGA WHARE	BUILDER
KAIHOAHOA	ARCHITECT
KAIHOKO	BUYER
KAIKAUTE	ACCOUNTANT
KAIPAKIHI	BUSINESSMAN/ WOMAN
KAIPARA	ATHLETE
KAIPŪORU	MUSICIAN
KAITŌRANGAPŪ	POLITICIAN
KAIWAIATA	SINGER
KAIWHAKAHAERE	MANAGER, ORGANISER
KAIWHAKAPĀHŌ	BROADCASTER
NĒHI	NURSE
RINGATOI	ARTIST
RINGATUHI	WRITER
RINGAWHAO	CARVER
TĀKUTA	DOCTOR
TAUĀ	SOLDIER
TUMUAKI	PRINCIPAL

Kupu Rorohiko *Computer Terms*

Y	M	A	R	I	M	A	R	I	M	O	L	S	R	L
Q	W	T	Ī	M	Ē	R	A	W	K	P	F	O	J	A
Ī	Y	A	X	C	W	K	P	I	F	K	R	K	W	G
I	O	B	Ē	R	H	R	H	W	T	O	J	B	A	N
A	H	Ā	W	O	K	O	M	I	H	U	T	Ā	P	Ā
M	E	U	U	A	R	U	T	I	K	T	B	C	R	T
M	Y	R	T	O	E	Ā	K	H	Z	Ā	B	I	X	O
O	O	A	R	Ā	H	O	T	A	H	R	M	H	W	R
H	M	M	E	A	P	W	H	A	K	A	O	H	O	I
I	Ā	C	O	Ō	W	A	K	P	R	R	N	B	I	T
A	C	R	N	T	T	G	P	I	E	O	D	U	K	H
W	E	A	E	Ī	U	B	M	A	G	H	U	W	M	V
V	H	B	T	M	B	H	N	W	P	L	U	Ē	C	I
O	P	Ā	W	H	I	R	I	G	N	A	R	U	P	I
S	P	E	A	W	Ō	K	K	A	T	I	B	O	A	U

ATA	ICON
HANUMI	MERGE
ĪMĒRA	EMAIL
IPURANGI	INTERNET
KATI	CLOSE/TURN OFF
KŌWAE	PARAGRAPH
MATA	SCREEN
MIRAMIRA	BOLD
MOMO TUHI	FONT
PAPA PĀTUHI	KEYBOARD
PĀTUHI MOKOWĀ	SPACE BAR
PĀWHIRI	CLICK
PEHU	CURSOR
ROROHIKO	COMPUTER
ROROHIKO PŌNAHO	LAPTOP COMPUTER
TĀRARO	UNDERLINE
TIRO TĀNGA	PRINT PREVIEW
TĪTAHA	ITALICS
WAIHO	EXIT
WHAKAOHO	TURN ON

Pae Pāpori *Social Media*

I	Q	A	O	D	N	I	P	R	K	Ō	T	A	H	A
L	K	T	A	U	W	U	U	A	J	O	E	O	U	H
M	I	A	V	A	A	H	K	Q	H	C	T	H	U	D
N	A	I	T	H	G	M	A	T	A	W	Ā	E	H	O
D	C	R	I	I	K	N	M	K	H	E	B	T	F	A
L	N	I	N	T	G	A	A	W	A	T	A	E	T	H
F	P	T	F	E	R	N	T	P	E	H	B	W	A	T
O	T	O	R	Ā	E	R	A	K	U	H	O	T	U	O
R	I	M	U	P	T	W	U	R	Y	A	G	A	P	H
B	M	T	A	N	G	I	A	O	H	Ē	T	E	Ā	U
A	T	I	J	I	P	X	H	W	N	A	I	H	N	M
K	U	O	N	J	J	S	Ī	P	P	Q	G	D	G	A
A	L	Y	R	S	M	A	T	A	T	A	H	I	A	R
R	B	I	E	W	N	C	K	R	G	A	A	C	S	A
J	Y	W	L	H	Y	I	P	A	E	T	Ī	H	A	U

ATAPAKI	SNAPCHAT
KŌTAHA	PROFILE
MATATAHI	SELFIE
MATAWĀ	FACETIME
PAEĀHUA	INSTAGRAM
PAETĪHAU	TWITTER
PUAHI IPO	TINDER
PUKAMATA	FACEBOOK
RANGITAKI	BLOG
TANGIAO	SOUNDCLOUD
TAUPĀNGA	APP
TĪHAU	TWEET
TIRIATA	YOUTUBE
TOHU KARE-Ā-ROTO	EMOJI
TOHUMARAU	HASHTAG
WETEHOA	TO UNFRIEND
WHAKAHOA	TO FRIEND

Huarere *Weather*

Y	N	K	U	O	Q	Q	R	I	H	Z	Q	H	M	W
J	Q	M	C	E	W	B	V	T	Y	R	A	U	U	J
C	H	M	Q	K	C	F	K	H	Q	U	D	Z	P	W
O	E	A	N	Ō	B	A	I	B	T	Y	F	U	G	V
I	H	R	T	M	I	K	F	O	N	T	Q	Q	K	S
G	U	A	E	A	A	J	N	U	I	A	T	Ā	H	M
B	A	N	W	R	I	G	Z	B	K	C	B	W	X	F
C	M	G	U	U	A	J	H	O	A	T	I	H	S	Y
H	X	A	Y	R	A	U	I	A	P	Z	T	Ā	N	U
F	H	I	K	U	K	H	H	X	L	R	P	Z	U	R
F	D	U	P	A	R	E	W	U	K	U	V	W	G	U
Q	Q	A	P	U	R	D	O	W	H	T	F	W	F	Ā
D	K	A	M	A	R	I	N	O	U	O	N	C	V	U
Ī	P	U	A	H	E	I	R	I	I	S	T	G	R	A
A	F	B	R	N	R	O	F	I	W	W	N	J	H	H

ĀWHĀ	STORM
HĀTAI	MILD WEATHER
HAUĀURU	WEST WIND
HAURAKI	NORTH WIND
HAUTONGA	SOUTH WIND
HAUWAHO	EAST WIND
HUKAPAPA	FROST
KAPUA	CLOUD
KŌMARU	CLOUDY
MAKARIRI	COLD
MARANGAI	HEAVY RAIN
MARINO	CALM WEATHER
PAKI	FINE WEATHER
PUAHEIRI	SNOW
PUHORO	BAD WEATHER
TOHU HUARERE	WEATHER FORECAST
WERA	HOT

Pāngarau Ehara-i-te-Pāngarau *The Not-Really-Maths Section*

1.
8 kūmara e toe ana
8 kūmara are left

2.
12 katoa ngā pōtae
12 hats in total

3.
5 taiaha e toe ana
5 taiaha are left

4.
26 katoa ngā keke
26 cakes in total

5.
11 tamariki e toe ana
11 children are left

6.
26 katoa ngā kararehe o te pāmu
26 total animals on the farm

7.
6 manu aute nui
6 big kites

8.
13 katoa ngā pene
13 pens in total

9.
7 ngā kererū kei te rākau tonu
7 kererū still in the tree

10.
14 katoa ngā oko
14 bowls in total

11.
13 mā tōna teina
13 for his little brother

12.
17 katoa ngā taputapu tākaro
17 toys in total

13.
8 ngā ika e toe ana ki te whānau
8 fish left for the whānau

14.
19 katoa ngā tamariki kei roto i te akomanga
19 children in total in the classroom

15.
9 ngā poupou kei roto tonu i te whare
9 carved figures remaining in the house

16.
18 katoa ngā hēki
18 eggs in total

17.
6 ngā tamariki
6 children

18.
22 katoa ngā tāngata kei roto i te whare kiriata
22 people total inside the movie theatre

19.
9 ngā pihikete e toe ana
9 biscuits are left

20.
15 katoa ngā rare
15 lollies in total

21.
7 ngā pea **i hoatu e taku kuia** ki taku tuahine
7 pears **were given by my kuia** to my sister

22.
18 katoa ngā kararehe
18 animals in total

23.
3 ngā aihikirīmi maika
3 banana ice creams

24.
17 katoa ngā tipu rongoā
17 medicinal plants in total

E 4 ngā Pikitia, Kotahi te Kupu *4 Pictures, 1 Word*

1. PAHIKARA (BIKE)
2. WAI (WATER)
3. HUARĀKAU (FRUIT)
4. RERE (FLY)
5. RĀKAU (TREE, STICK)
6. MARAE (COURTYARD AREA IN FRONT OF TRADITIONAL MEETING HOUSES)
7. KŌTIRO (GIRL)
8. WAKA (VEHICLE)
9. WHAWHAI (FIGHT)
10. MATAKU (SCARY, SCARED)
11. HUARERE (WEATHER)
12. TANGI (CRY, FUNERAL)
13. HĀKINAKINA (SPORTS)
14. AROHA (LOVE)
15. TOHU (SIGN)
16. MĀTAITAI (SEAFOOD, SHELLFISH)
17. PUORO (MUSICAL INSTRUMENT)
18. NOHOPUKU (TO BE QUIET, SIT STILL)
19. WHANA (KICK)
20. ONEPŪ (SAND)
21. MAKARIRI (COLD)
22. HOIHOI (TO BE NOISY)
23. INU (DRINK)
24. TAPATORU (TRIANGLE)

Kia Atamai *Brain Teasers*

1.
He ahi!
Fire!

2.
Tō hā!
Your breath!

3.
Ko Hoani te pōtiki.
Johnny is the youngest.

4.
S – O – N! Ko ēnei pūreta nei ngā pūreta tuatahi o ngā marama o te maramataka Pākehā. Nō reira, ko ngā marama e toru e whai ake ana, ko *September, October*, me *November*.
S – O – N. The sequence is the first letter of the months of the year. September, October, and November are the next in the sequence!

5.
Ka tahu koe i te māti i te tuatahi!
You light the match first!

6.
E iwa!
9!

7.
Ko te katoa!
They all do!

8.
Ko Aoraki tonu.
It was still Aoraki mountain.

9.
Kāore tētahi i taumaha ake i tētahi! He rite te taumaha, kotahi kirokaramu!
Neither! They both weigh the same, one kilogram!

10.
He hautai!
A sponge!

11.
Ko te tākuta te māmā o te kōtiro.
The doctor is the girl's mother.

12.
Tokoiwa. Ko ngā mātua tokorua, ko ngā tama tokoono me te tuahine kotahi. Kotahi anake te tuahine (ehara i te mea tokono ngā tuāhine).
Nine. Two parents, six sons, and one daughter. All of them have one sister (not six sisters).

13.
Me mutu te pohewatanga!
Stop imagining!

14.
Ko te rūma tuatoru, nā te mea mēnā kāore anō ngā raiona kia kai mō ētahi tau, kāore e kore, kua mate kē!
The third room, because lions starving for years would be long dead!

15.
Tangohia te puru!
Pull out the plug in the bath!

16.
Ko te kaiwhakapai whare, nā te mea kāore he kokonga i tētahi whare porohita!
The cleaner, because there are no corners in a round house!

17.
Ko te tae o ōu nā makawe! Kia maumahara koe, ko koe te kaihautū i te pahi!
Whatever colour your hair is! Remember, you are the bus driver!

18.
Ko ahau tērā i puta ki te papa tuatahi!
I got out on the first floor!

19.
Ko ngā ture o te whakataetae i pēnei, ko te tangata nōna te hōiho mutunga ki te whakawhiti i te rārangi toa, koia ka whai i te mana rangatira o te koroua. I kī noa iho te tohunga ki a rāua, me whakawhiti hōiho rāua.
The rules of the race were that the owner of the horse that crosses the finish line last wins the chiefly status. The wise man simply told them to switch horses.

20.
Whā tekau
40

Kaurukuhia *Colouring-in Activities*

1. Colour the items used for dental health.
2. Colour the things that belong to the domain of the god of the forest, Tāne.
3. Colour the actions that make you fit and healthy.
4. Colour the items of the war god, Tūmatauenga.
5. Colour the items that you would find in the playground.
6. Colour the creatures that belong to the domain of the god of the ocean, Tangaroa.
7. Colour the foods and items that relate to breakfast time.
8. Colour the items that are used for sports.
9. Colour the pictures that relate to the weather.
10. Colour the foods that belong to Rongomātāne, food that grows from the earth.

11–20. The colours you will need to use are: Mā (*White*), Kōwhai (*Yellow*), Kikorangi (*Blue*), Whero (*Red*), Parauri (*Brown*), Kākāriki (*Green*), Karaka (*Orange*), Pango (*Black*), Waiporoporo (*Purple*), Kiwikiwi (*Grey*).

17. The hidden word is: Mā (*White*)

18. The hidden word is: Pango (*Black*)

19. The hidden word is: Whero (*Red*)

20. The hidden word is: Kōwhai (*Yellow*)

Pangakupu *Crosswords*

Taputapu Matihiko *Digital Devices*
Across: 4. īWaea **6.** īPapa **7.** Rorohiko pōnaho **9.** Rorohiko **10.** Pouaka whakaata atamai
Down: 1. Waea pūkoro **2.** Pūrere **3.** Papahiko **5.** Matatopa **8.** īRangi

Kupu Matihiko *Digital Terms*
Across: 3. Tikiake **4.** Pātuhi **6.** Rākau pūmahara **9.** Rangitaki **10.** Miri **14.** Kapua **15.** Rapu **16.** Ipurangi **19.** Pātuhi **20.** Whakaweto **21.** Pāhorangi **22.** Paetukutuku
Down: 1. Hangarau **2.** Wheori **5.** Ahokore **7.** Mata **8.** Kiriāhua **11.** Tuihono **12.** Kupu hipa **13.** TangiAo **17.** Īmerā **18.** Panuku

Pae Pāpori *Social Media*
Across: 3. Tohumarau **4.** Haumaru ā-ipurangi **6.** Taupānga **7.** Wetehoa
Down: 1. Whakaweti tāurungi **2.** Tohu kare ā roto **5.** Whakahoa

Kupu Whānau *Family Terms*
Across: 2. Hunaonga **10.** Tuakana **11.** Tama **13.** Kuia **14.** Tamāhine **15.** Tungāne **16.** Koroua **17.** Karangatahi
Down: 1. Mokopuna **3.** Māmā **4.** Teina **5.** Karangarua **6.** Whanaunga **7.** Tuahine **8.** Tamariki **9.** Hungarei **12.** Pāpā

Whakahau *Commands* (Using 'E . . .')
Across: 4. Run **5.** Wake up **6.** Dodge **8.** Sit
Down: 1. Sleep **2.** Drink **3.** Stand **7.** Eat

Whakahau 2 *Commands 2* (No 'E' for words of 3 or more syllables)
Across: 5. Ask **6.** Be quiet **7.** Listen **9.** Lie down
Down: 1. Look **2.** Come here **3.** Get up **4.** Wait **8.** Go away

Whakahau 3 *Commands 3* (Using 'Kia . . .')
Across: 2. Kia tūpato **5.** Kia tere **6.** Kia tau **7.** Kia mataara **8.** Kia hakune
Down: 1. Kia manawanui **3.** Kia toa **4.** Kia kaha

Whakahau 4 *Commands 4* (Using passive endings)
Across: 6. Unuhia **7.** Katia **8.** Inumia **10.** Haria **11.** Tikina **12.** Kainga
Down: 1. Tirohia **2.** Hopukina **3.** Puritia **4.** Tahia **5.** Huakina **9.** Patua

Kupu Wāhi *Locations*
Across: 3. Raro **6.** Runga **8.** Waenganui
Down: 1. Taha **2.** Roto **4.** Muri **5.** Mua **7.** Waho

Kupu Āhua *Adjectives*
Across: 4. Happy **7.** Mischievous **8.** Tall
Down: 1. Grumpy **2.** Useless **3.** Beautiful **5.** Big **6.** Hot

Kupu Pātai Matua *Key Question Words*
Across: 4. E hia **6.** Tēhea **7.** Kei hea **9.** Ēhea
Down: 1. Ko wai **2.** Āhea **3.** Ināhea **5.** I hea **8.** He aha

Kupu Rongonui *Well-known Words*
Across: 2. Whare **7.** Kaitiakitanga **9.** Koha **10.** Tangi **11.** Maunga **12.** Aroha **13.** Tapu **14.** Whenua
Down: 1. Whānau **3.** Moana **4.** Kia kaha **5.** Kia ora **6.** Mana **8.** Whakapapa

Mihi Tangata *Terms of Address*
Across: 2. E kui **7.** E te rangatira **8.** E hoa **9.** E te matua
Down: 1. E koro **3.** E tama **4.** E hine **5.** E kare **6.** E tā

Kei te pēhea koe? *How are you?*
Across: 3. Grumpy **4.** Hungry **6.** Sleepy **7.** Not good
Down: 1. Very well **2.** Angry **5.** Good

Te Marae *The Marae*
Across: 2. Hākari **9.** Whaikōrero **11.** Hongi **13.** Tangata whenua **14.** Karanga **15.** Hui **16.** Wharepaku
Down: 1. Rarau mai **3.** Manuhiri **4.** Tūrangawaewae **5.** Waiata **6.** Wero **7.** Tomokanga **8.** Kaumātua **10.** Wharenui **12.** Wharekai

Te Wharenui *The Meeting House*
Across: 3. Tekoteko **5.** Tukutuku **8.** Tāhuhu **10.** Poutokomanawa **11.** Maihi **12.** Matapihi
Down: 1. Heke **2.** Koruru **4.** Raparapa **6.** Poupou **7.** Kōwhaiwhai **9.** Kūaha

Huawhenua *Vegetables*
Across: 4. Chilli **6.** Salad **8.** Sweet potato **10.** Beetroot **12.** Pumpkin
Down: 1. Silverbeet **2.** Cabbage **3.** Carrot **5.** Lettuce **7.** Corn **9.** Gherkin **11.** Onion

Huarākau *Fruit*
Across: 4. Āporo **6.** Huakiwi **7.** Pea **9.** Kerepe **10.** Pītiti
Down: 1. Tūrutu **2.** Maika **3.** Rāhipere **5.** Rōpere **8.** Ārani

Ika *Fish*
Across: 2. Crayfish **5.** Crab **7.** Mussel **9.** John Dory **12.** Squid **13.** Snapper
Down: 1. Trevally **3.** Shrimp **4.** Abalone **6.** Octopus **8.** Flounder **10.** Oyster **11.** Mullet

Mīti *Meat*
Across: 2. Mutton **4.** Ham **6.** Lamb **8.** Chops **9.** Mince **11.** Turkey **12.** Pork
Down: 1. Sausage **3.** Bacon **5.** Chicken **7.** Beef **10.** Duck

He Kai *Food*
Across: 4. Kirīmi **7.** Tīhi **8.** Waipupuru **11.** Pāpaki **12.** Huka **13.** Tote **14.** Pata
Down: 1. Hēki **2.** Tī **3.** Miraka **5.** Tōraha **6.** Pepa **9.** Parāoa **10.** Kawhe

Tākaro *Games*
Across: 3. Winner **4.** Coach **8.** Corner flag **9.** Captain **10.** Score **11.** Mouth guard **14.** Post **16.** Referee **17.** Tackle
Down: 1. Spectator **2.** Kick **5.** Player **6.** Penalty **7.** Pass **12.** Opponent **13.** Draw **15.** Ball

Rēhiatanga *Recreational Activities*
Across: 4. Shopping **6.** Painting **7.** Hunting **8.** Reading
Down: 1. Diving **2.** Fishing **3.** Sports **5.** Dance

Mahi *Professions*
Across: 5. Kaipakihi **8.** Kaihoahoa **11.** Kaihanga whare **13.** Kaihoko **14.** Kaitōrangapū
Down: 1. Ringatoi **2.** Hōia **3.** Kaiwaiata **4.** Ringatuhi **6.** Kaikaute **7.** Kaiako **9.** Kaipūoru **10.** Tākuta **12.** Ētita

Pangakupu Pāngarau *Maths Crosswords*

Tangohanga 1 – *Subtraction 1*
Across: 5. Whitu **6.** Kore **7.** Rua tekau **8.** Whā **9.** Tahi
Down: 1. Toru **2.** Tekau mā rua **3.** Tekau mā whitu **4.** Rima

Tāpiritanga 1 – *Addition 1*
Across: 6. Tekau mā rima **7.** Waru **8.** Rima **9.** Ono **10.** Toru
Down: 1. Tekau **2.** Whā **3.** Whitu **4.** Iwa **5.** Tekau mā ono

Whakareatanga 1 – *Multiplication 1*
Across: 3. Kore **7.** Tahi **8.** Waru **9.** Rua
Down: 1. Ono **2.** Tekau **4.** Whitu **5.** Toru **6.** Iwa

Whakawehetanga 1 – *Division 1*
Across: 3. Rima **4.** Rua **6.** Whitu **8.** Toru
Down: 1. Tahi **2.** Waru **5.** Whā **7.** Tekau **9.** Ono

Tangohanga 2 – *Subtraction 2*
Across: 3. Ono **5.** Tekau mā tahi **7.** Rua **8.** Tahi **9.** Rima
Down: 1. Tekau mā rima **2.** Kore **4.** Whitu **6.** Whā

Tāpiritanga 2 – *Addition 2*
Across: 3. Tekau **4.** Tahi **6.** Tekau mā whā **8.** Rima
Down: 1. Iwa **2.** Tekau mā tahi **5.** Whā **7.** Waru

Whakareatanga 2 – *Multiplication 2*
Across: 2. Tekau **6.** Tekau mā ono **7.** Waru **8.** Tekau mā whā
Down: 1. Tekau mā rua **3.** Kore **4.** Iwa **5.** Toru

Whakawehetanga 2 – *Division 2*
Across: 2. Tahi **5.** Waru **7.** Whitu **9.** Toru
Down: 1. Rima **3.** Iwa **4.** Rua **6.** Whā **8.** Tekau

Tangohanga 3 – *Subtraction 3*
Across: 6. Tekau mā toru **7.** Rima **8.** Whā **9.** Waru **10.** Tekau mā rima
Down: 1. Tekau mā whitu **2.** Tekau **3.** Ono **4.** Tekau mā rua **5.** Rua

Tāpiritanga 3 – *Addition 3*
Across: 2. Tekau mā ono **4.** Iwa **7.** Tekau mā whā **8.** Tekau mā whitu **9.** Whā
Down: 1. Tekau mā waru **3.** Rima **5.** Tekau mā tahi **6.** Whitu

Whakareatanga 3 – *Multiplication 3*
Across: 3. Tekau mā rua **5.** Rua tekau mā whā **6.** Tekau mā ono **7.** Rua **8.** Waru
Down: 1. Tekau mā waru **2.** Rua tekau **4.** Tekau mā whā

Whakawehetanga 3 – *Division 3*
Across: 4. Tekau mā tahi **6.** Waru **7.** Whitu **8.** Whā
Down: 1. Tekau mā whā **2.** Rua **3.** Rima **5.** Toru

Tangohanga 4 – *Subtraction 4*
Across: 5. Rua tekau **7.** Tekau mā rima **8.** Rua tekau mā toru **9.** Whā **10.** Ono
Down: 1. Tekau mā whitu **2.** Rua tekau mā ono **3.** Tekau mā rua **4.** Tekau mā waru **6.** Rima

Tāpiritanga 4 – *Addition 4*
Across: 5. Rua tekau mā rima **6.** Tekau mā iwa **8.** Tekau mā whā **9.** Toru tekau **10.** Tekau mā tahi
Down: 1. Rua tekau mā waru **2.** Tekau mā whitu **3.** Rua tekau mā tahi **4.** Rua tekau mā whitu **7.** Tekau mā ono

Whakareatanga 4 – *Multiplication 4*
Across: 3. Tekau mā waru **8.** Rua tekau mā rua **9.** Rua tekau mā tahi **10.** Toru tekau
Down: 1. Rua tekau mā waru **2.** Toru tekau mā ono **4.** Rua tekau mā whā **5.** Tekau mā rima **6.** Whā tekau **7.** Rua tekau

Whakawehetanga 4 – *Division 4*
Across: 2. Toru tekau **3.** Rua tekau mā rima **7.** Tekau mā tahi **8.** Tekau mā rua **9.** Rua **10.** Waru
Down: 1. Toru tekau mā rua **4.** Whā **5.** Tekau **6.** Whitu

Tangohanga 5 – *Subtraction 5*
Across: 4. Ono **6.** Whā tekau mā rima **7.** Tekau mā rima **8.** Tekau mā whā **9.** Toru tekau mā toru
Down: 1. Rua tekau mā ono **2.** Toru tekau mā whitu **3.** Tekau mā whitu **5.** Tekau mā tahi

Tāpiritanga 5 – *Addition 5*
Across: 2. Whā tekau mā ono **7.** Toru tekau mā waru **8.** Toru tekau mā toru **9.** Rua tekau mā waru **10.** Whitu **11.** Whā tekau mā whitu
Down: 1. Rua tekau mā toru **3.** Whā tekau mā tahi **4.** Tekau mā whitu **5.** Rua tekau mā whā **6.** Toru tekau mā iwa

Whakareatanga 5 – *Multiplication 5*
Across: 3. Tekau mā iwa **6.** Rua tekau mā waru **7.** Toru tekau mā toru **9.** Toru tekau mā rua **10.** Whā tekau mā rua
Down: 1. Rua tekau **2.** Tekau mā waru **4.** Rua tekau mā ono **5.** Tekau mā rua **8.** Tekau mā whā

Whakawehetanga 5 – *Division 5*
Across: 3. Rua tekau **5.** Tekau **8.** Rua tekau mā tahi **9.** Whā **10.** Waru
Down: 1. Rua tekau mā waru **2.** Tekau mā whā **4.** Tekau mā rima **6.** Iwa **7.** Tekau mā rua

Take Pūtea *Money Matters*

The translations for this section have been included here with the answers. There are several ways you can 'colour' the answers correctly:

1	2	3	4	5
$2.90	80 cents	$3.20	$1.70	$4.00

6

1. Te pukapuka me te pene rākau = BOOK $3.00 + PENCIL 30 CENTS = $3.30 te utu (Toru tāra, toru tekau hēneti)
2. Te pukapuka me te tātaitai = BOOK $3.00 + CALCULATOR $4.60 = $7.60 te utu (Whitu tāra, ono tekau hēneti)
3. Te pene rākau me te pouaka kai = PENCIL 30 CENTS + LUNCHBOX $2.20 = $2.50 te utu (Rua tāra, rima tekau hēneti)
4. Te pouaka kai me te pukapuka = LUNCHBOX $2.20 + BOOK $3.00 = $5.20 te utu (Rima tāra, rua tekau hēneti)
5. Te ine me te pene rākau = RULER 80 CENTS + PENCIL 30 CENTS = $1.10 te utu (Kotahi tāra, tekau hēneti)
6. Te ine me te tātaitai = RULER 80 CENTS + CALCULATOR $4.60 = $5.40 te utu (Rima tāra, whā tekau hēneti)
7. Te tātaitai me te pouaka kai = CALCULATOR $4.60 + LUNCHBOX $2.20 = $6.80 te utu (Ono tāra, waru tekau hēneti)
8. Te pouaka kai me te pene rākau = LUNCHBOX $2.20 + PENCIL 30 CENTS = $2.50 te utu (Rua tāra, rima tekau hēneti)

7

1. Kei a Wiremu ēnei moni kei raro nei. E hia katoa ngā moni kei a ia?
   Wiremu has this amount of money below. How much money does he have?
   E $9.20 kei a Wiremu (Iwa tāra, rua tekau hēneti)
2. Kei a Hūhana ēnei moni kei raro nei. E hia katoa ngā moni kei a Hūhana?
   Hūhana has this amount of money below. How much money has Hūhana got?
   E $6.90c kei a Hūhana (Ono tāra, iwa tekau hēneti)
3. Kei a Anatōnio ēnei moni kei raro nei. E hia katoa ngā moni kei a Anatōnio?
   Anatōnio has this amount of money below. How much money has Anatōnio got?
   E $3.40c kei a Anatōnio (Toru tāra, whā tekau hēneti)
4. Kei a Hone ēnei moni kei raro nei. E hia katoa ngā moni kei a Hone?
   Hone has this amount of money below. How much money has Hone got?
   E $15.70 kei a Hone (Tekau mā rima tāra, whitu tekau hēneti)

8

1. Kei a Te Ariki te $1. Kei a Tere te 80c. Kei a Mikaere te 50c. E hia ngā moni kei ēnei tamariki tokotoru?
   Te Ariki has $1. Tere has 80c. Mikaere has 50c. How much in total do these three kids have?
   Kei a rātou te $2.30 (Rua tāra, toru tekau hēneti)
2. Kua hoko a Te Atawhai i ēnei mea e toru kei raro nei:
   Te Atawhai has bought these three things below:
   E hia te utu mō ngā mea kua hokona e ia?
   How much in total does everything she bought cost?
   E $7.40 te utu (Whitu tāra, whā tekau hēneti)
3. E $3 e toe ana ki a Raniera. Kātahi ka aroha tōna pāpā, ka hoatu te $5.70 ki a ia. E hia te moni kei a ia ināianei?
   Raniera has $3 left. His dad feels sorry for him and gives him $5.70. How much has he got now?
   Kei a ia te $8.70 (Waru tāra, whitu tekau hēneti)
4. Ki te hoko a Raukura i ēnei mea e toru ki raro nei, he aha te utu ki a ia?
   If Raukura bought these three things below, how much would it cost her?
   E $14.40 te utu (Tekau mā whā tāra, whā tekau hēneti)

5. $3.50 ngā moni kei a Rāwiri. Kātahi ia ka hoko i te pihikete, e $2.50 te utu. E hia ngā moni e toe ana ki a Rāwiri ināianei?
   Rāwiri has $3.50. He then buys a packet of biscuits that costs $2.50. How much money does Rāwiri have left?
   $1 e toe ana ki a Rāwiri (Kotahi tāra)
6. Kua āta penapena a Pāora rāua ko tana teina a Te Manahau i te $12. Mēnā nā Pāora te $6.30 o taua pūtea, e hia ngā moni nā Te Manahau?
   Pāora and Te Manahau have meticulously saved $12. If $6.30 of that money belongs to Pāora, how much belongs to Te Manahau?
   E $5.70 o taua $12, nā Te Manahau (Rima tāra, whitu tekau hēneti)

Panga Nama *Number Puzzles*

Punny Numbers

Me ______ koe i ngā rīwai.
Answer: 8 (waru) Me waru koe i ngā rīwai.
You should peel the potatoes.

Ka puta mātou ki te kai ______
Answer: 1 (tahi) Ka puta mātou ki te kai tahi.
We will go out to eat together (as one).

Kia tūpato! He ______ kei muri i a koe!
Answer: 2 (rua) Kia tūpato! He rua kei muri i a koe!
Watch out! There's a hole behind you!

Māku rātou e tau______
Answer: 5 (rima) Māku rātou e taurima.
I will look after them.

I ____kia ngā kūmara ki hea?
Answer: 6 (ono) I onokia ngā kūmara ki hea?
Where were the kūmara planted?

Crack the Code

Answer: 2; 10; 9; 88; 6; 1

Match the Track Event

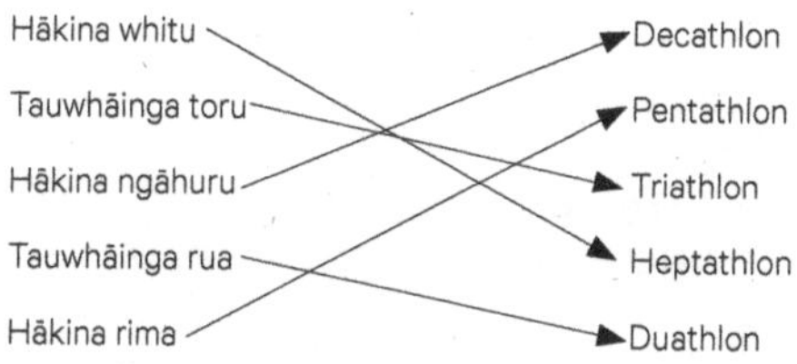

Licence Plates

KO1TANGA: Kotahitanga (Unity)
22 NOA IHO: Ruarua noa iho (Not many)
TANI4: Taniwh(ā) (Mystical creature)
T6T6: Tonotono (Bossy)
MĀ WAI E TAU5: Mā wai e taurima (Who will look after (them/it)? A lyric reminiscent of the iconic waiata *Mā wai rā*.)
HOKO7ATU: Hokowhitu a Tū (Māori battalion)
MAHI1: Mahi tahi (Work together)
4NAKO: Whānako (Steal)
E 2 E 2: E rua, e rua (Two of a kind)
MĀTO3: Mātotoru (Thick, dense)

Te Pūreta Ngaro *Missing Letter*

1.

A	I	O
A	**R**	E
A	I	A

1) PATH – ARA; 2) HANG – IRI;
3) FOCUS – ARO; 4) OPEN – ARE

2.

A	I	I
U	**T**	U
I	A	A

1) MORNING – ATA; 2) TIGHTLY – ITA;
3) SMALL – ITI; 4) REVENGE – UTU

3.

Ō	u	I
A	**H**	I
I	I	O

1) WAKE – OHO; 2) COVER – UHI;
3) RAY OF SUN – IHI; 4) FIRE – AHI

4.

A	U	I
U	**M**	A
E	U	A

1) OUTRIGGER – AMA; 2) OVEN – UMU;
3) GATHERED TOGETHER – EMI; 4) CHEST – UMA

5.

I	O	O
A	**N**	A
O	I	E

1) MEASURE – INE; 2) WRIGGLING – ONI;
3) SIX – ONO; 4) CAVE – ANA

6.

A	O	A
U	**K**	U
I	A	E

1) UPWARDS – AKE; 2) DAGGER – OKA;
3) FISH – IKA; 4) CLAY – UKU

7.

E	I	A
A	**W**	E
A	I	E

1) PLACENTA – EWE; 2) BONE – IWI;
3) RIVER – AWA; 4) INFLUENCE – AWE

8.

A	I	E
I	**P**	U
O	O	O

1) GREED – APO; 2) LOVE – IPO;
3) ENTOURAGE – OPE; 4) CONTAINER – IPU

9.

E	Ā	I
E	**T**	E
O	I	I

1) RECOIL – ETI; 2) OFFSPRING – ĀTI;
3) COMPLETE – OTI; 4) TO THICKEN – ETE

10.

E	I	A
A	**H**	O
A	O	Ē

1) NO – EHĒ; 2) DOWNWARDS – IHO;
3) WHAT – AHA; 4) FISHING LINE – AHO

11

1) A<u>W</u>A; 2) ARO<u>H</u>A; 3) T<u>A</u>NGI; 4) MAU<u>R</u>I; 5) ANUH<u>E</u>
Kupu: Whare (house)

12

1) A<u>T</u>A MĀRIE; 2) WH<u>A</u>RE; 3) R<u>O</u>A; 4) MOA<u>N</u>A; 5) MAUN<u>G</u>A; 6) WHĀN<u>A</u>U
Kupu: Taonga (treasure)

13

1) M<u>A</u>NA; 2) TAIH<u>O</u>A; 3) RAUPA<u>T</u>U; 4) WA<u>E</u>WAE; 5) K<u>A</u>UMĀTUA; 6) RANGATI<u>R</u>A; 7) P<u>O</u>TO; 8) T<u>A</u>MARIKI
Kupu: Aotearoa (New Zealand, literally 'long white cloud')

14

1) <u>W</u>HĀNGAI; 2) <u>H</u>ĀNGI; 3) TĀN<u>E</u>; 4) A<u>N</u>A; 5) T<u>U</u>NU; 6) W<u>A</u>IATA
Kupu: Whenua (land)

15

1) <u>M</u>ARAE; 2) T<u>A</u>PU; 3) MO<u>N</u>I; 4) WHEN<u>U</u>A; 5) W<u>H</u>AKARONGO; 6) M<u>I</u>HI; 7) WHA<u>R</u>ENUI; 8) IT<u>I</u>
Kupu: Manuhiri (visitor/s)

16

1) WHAREPA<u>K</u>U; 2) H<u>O</u>ROI; 3) RO<u>H</u>E; 4) KAH<u>A</u>
Kupu: Koha (gift, offering)

17

1) WHETŪ; 2) KŌHANGA REO; 3) PAPA; 4) WAKA; 5) WHAEA; 6) TUPUNA; 7) TAMA; 8) PUKE; 9) HAKA
Kupu: Whakapapa (genealogy)

18

1) IKA; 2) MANAWA; 3) RERE; 4) ATA; 5) HUNA; 6) TARINGA; 7) RINGA
Kupu: Karanga (to call out, ceremonial call)

19

1) WAI; 2) TAKA; 3) HUI; 4) KAITIAKI; 5) TAMAITI; 6) KAI
Kupu: Waiata (song, to sing)

20

1) PUKU; 2) TAONGA; 3) UTU; 4) WĀHINE; 5) WAHINE; 6) MAHI; 7) UMU
Kupu: Pounamu (greenstone)

Pere Huarite *Rhyming Riddles*

1. Tāne Māhuta, the famous giant kauri tree of Waipoua Forest in Hokianga. Tāne Māhuta is also the name of the deity of the forest.
2. The Beehive. 'Whare mīere' literally means 'beehive' and is the term used for the iconic parliamentary building in Wellington, too.
3. Dolphin – 'aihe' means dolphin.
4. Tuatara
5. Bottle. 'Pounamu' means bottle as well as greenstone. This apparently relates to when glass bottles were mostly green.
6. Paeroa – with reference to L&P (Lemon & Paeroa), New Zealand's famous fizzy drink. 'Pae' is a ridge and 'roa' means 'long'.
7. The South Island. Te Waipounamu – the place of pounamu.
8. Kaikoura – 'kōura' means 'crayfish', and 'kai' means both 'to eat' and 'food'.
9. Bat
10. Matariki. Te kāhui o Matariki are the nine stars that denote the Māori new year, when they appear in June or July.

Kupu Nanu *Word Mix-up*

Ngā huarākau – *Fruits*

ĀRIAN	ĀRANI (Orange)
NAPNAA	PANANA (Banana)
ARRUPHŪO	RAHOPŪRU (Avocado)
EPKEER	KEREPE (Grape)
ROĀOP	ĀPORO (Apple)
PEŌRRE	RŌPERE (Strawberry)
RIEGMNE	MERENGI (Melon)

MTATŌO	TŌMATO (Tomato)
AIKUHWI	HUAKIWI (Kiwifruit)
ĪTIITP	PĪTITI (Peach)

Ngā huawhenua – *Vegetables*

AUNPAKE	PAUKENA (Pumpkin)
KTĀROI	KĀROTI (Carrot)
GAĀKN	KĀNGA (Corn)
AWIRĪ	RĪWAI (Potato)
ĪINP	PĪNI (Bean)
ĒHTIIR	RĒTIHI (Lettuce)
KMAOOKAM	KAMOKAMO (Squash)
RAOKIKMI	KAMORIKI (Gherkin)
IARIHKĀK	HIRIKAKĀ (Chilli)
INANAA	ANIANA (Onion)

Ngā hākinakina – *Sports*

HURWŌUOTP	WHUTUPŌRO (Rugby)
HAAHROPUŌ	HAHAUPŌRO (Golf)
HRWOITIAAPTI	POITARAWHITI (Netball)
THIPUOKOŪ	POITŪKOHU (Basketball)
NOHIWPAA	POIWHANA (Football/Soccer)
TINEĒH	TĒNEHI (Tennis)
RKIĪ	RĪKI (Rugby League)
IRIIKIKT	KIRIKITI (Cricket)
EKMEEKEM	MEKEMEKE (Boxing)
EAKOHU	KAUHOE (Swim)

Ngā rākau – *Trees*

KWIŌAH	KŌWHAI
ĀRTĀ	RĀTĀ
UKAIR	KAURI
KAAAAWKW	KAWAKAWA
RRIIPŪ	PŪRIRI
TUWHPAŌKAU	PŌHUTUKAWA
RŌATTA	TŌTARA
ĪT ŌKUAK	TĪ KŌUKA
ONAPG	PONGA
ĪIKOTT	TĪTOKI

Ngā manu – *Birds*

ĪWKPAIAAW	PĪWAIWAKA
TĪŪ	TŪĪ
KRETŌA	KŌTARE

RUUR	RURU
UŌUKTK	KŌTUKU
HKAĒTA	TAKAHĒ
KPKOEŪ	PŪKEKO
EERRKŪ	KERERŪ
MKORAIOK	KORIMAKO
EAK	KEA

Ngā wāhanga o te tinana – *Parts of the body*

OKWPIHIO	POKOHIWI (Shoulders)
KKAĪ	KAKĪ (Neck)
RNAANGRGII	RINGARINGA (Hand, arms)
ATAKIMRA	MATIKARA (Fingers, toes)
UETK	TUKE (Elbow)
AWEEWA	WAEWAE (Legs, foot)
EPOH	HOPE (Hips)
NUTGU	NGUTU (Lips)
URATĀ	TUARĀ (Back)
UEKAA	KAUAE (Chin)

Ngā kararehe – *Animals*

KUĪR	KURĪ (Dog)
RGUNE	NGERU (Cat)
KOPAA	POAKA (Pig)
UAK	KAU (Cow)
OIŌHH	HŌIHO (Horse)
UIAHMPA	PAIHAMU (Possum)
PĀIERT	RĀPETI (Rabbit)
RIAONA	RAIONA (Lion)
IAKTA	TAIKA (Tiger)
ĪKAKRAO	KAKĪROA (Giraffe)

Ngā kākahu – *Clothes*

ANTPOKIE	PANEKOTI (Skirt)
NTŌKEA	TŌKENA (Socks)
ARPKAO	PORAKA (Jersey)
TTEHĀĪ	TĪHĀTE (T-shirt)
ŪH	HŪ (Shoes)
AŌTEP	PŌTAE (Hat)
TUARA	TARAU (Trousers)
MOAUKHE	KAHUMOE (Pyjamas)
TUTAĀ	TĀTUA (Belt)
EMĀKTA	KĀMETA (Scarf)

Ngā āhua – *Shapes*

WHTĀAPA EIRT	TAPAWHĀ RITE (Square)
PAATRHĪOTO	POROTĪTAHA (Oval)
OPOANTA	TAPAONO (Hexagon)
MIAATNA	TAIMANA (Diamond)
HŪETW	WHETŪ (Star)
TAATORPU	TAPATORU (Triangle)
OIROPTAH	POROHITA (Circle)
AKEP	KAPE (Crescent)
AGĀKNU	NGĀKAU (Heart)
TAMAARIP	TAPARIMA (Pentagon)

Ngā aitanga pepeke – *Insects*

ŌR	RŌ (Praying mantis)
PPAPAĀ	PĀPAPA (Beetle)
IPIAHGAERN	PIHAREINGA (Cricket)
AOWKIAP	KAPOWAI (Dragonfly)
RANOG	NGARO (Fly)
AUNM	NAMU (Sandfly)
ĒWH	WHĒ (Grub)
EUHAN	ANUHE (Caterpillar)
RRŪEHPAEU	PŪREREHUA (Butterfly)
EPPE	PEPE (Moth)